本書係「敦煌文獻系統性保護整理出版工程」項目成果

二〇二一—二〇三五年國家古籍工作規劃重點出版項目

「十四五」國家重點出版物出版規劃項目

國家古籍整理出版專項經費資助項目

敦煌文獻全集

中國國家圖書館藏敦煌文獻

中國國家圖書館 編

第六一册

BD00902 ~ BD00920

國家圖書館出版社

DUNHUANG MANUSCRIPTS IN THE NATIONAL LIBRARY OF CHINA

061

BD00902 ~ BD00920

compiled by the

National Library of China

National Library of China Publishing House

凡例

一　本書刊布中國國家圖書館藏敦煌文獻，以館藏編號爲序編排。

二　館藏編號采用「BD+ 流水號」格式，如 BD0001, BD16579 等。背面在編號後加 v 表示。一個編號包含多件文獻者，編號後分別綴以字母 A, B, C 等。一件文獻含有多個内容者，以數字 -1, -2, -3 等標明順序。

三　圖版有縮印或放大處另加説明，尺寸超出本書幅面的以摺葉形式呈現。

四　卷軸裝、梵夾裝、經摺裝等裝幀形制的敦煌文獻，各附外觀圖像。

五　每件文獻依次呈現外觀、正面、背面等。背面僅刊布有文字、圖像或其他要素的圖版，而略去素紙部分，背面圖版同樣以從右到左順序編排。凡有外題者，遵從以上原則。

六　除個別特殊情况外，爲保證閲讀連貫、流暢，圖版儘量通欄呈現。

七　各葉上方附該件文獻全圖，以高亮形式顯示本葉大圖在全卷中的位置。部分長卷文獻全圖衹能分多段呈現時，在上段末以 ‹ 符標示下段接續。卷尾内容不足一葉時，文獻全圖使用該圖卷尾部分，亦以 ‹ 符標示。背面圖版文字與正面文字方向相反時，文獻全圖按原貌顯示，正文翻轉呈現，以便閲讀研究，用 ↻ 符標示。

八　文獻題名大體沿用中國國家圖書館此前所編多部敦煌文獻目録的考證，部分吸收學界最新研究成果略作調整和完善。文獻題名綜合參考原卷首題、尾題、外題確定，如原卷題名與該文獻正式名稱不同，則采用正式名稱；無題名者，或比定題名，或擬定新名。非漢文文獻在題名前標注語種。有分卷不同等其他情况者，括注於文獻名稱後。

九　本書著録使用通行繁體字，涉及原文中的人名、地名等，必要時保留原字形。

About this publication

1. The documents are presented in shelfmark order.
2. The shelfmarks are in the form BD plus a running number, eg. BD00001, BD16579, &c. If a given shelfmark contains multiple documents, these are distinguished by the letters A, B, C, &c. If a document has multiple contents, they are distinguished by the numbering 1, 2, 3, &c. The verso side of an item is indicated by the letter v.
3. If it has been necessary to reduce or enlarge the size of an illustration, the dimensions are indicated. If the size of an illustration exceeds the size of the book, a folding sheet is used.
4. If the document is a scroll, a folded sutra, or has a stitched binding, a picture of the whole object is provided to show its external appearance.
5. The cover, front, and back of each document are reproduced in sequence. The back of a document is only reproduced if it contains text, illustrations, or other markings, and it is oriented from right to left. If it is blank it is not reproduced.
6. Except in a few special cases, the lines of text are reproduced unbroken to make them coherent and easier to read.
7. An illustration of the complete document is reproduced at the top of each page, and the section where the main illustration appears is highlighted in order to indicate its position. If it has only been possible to reproduce a long scroll in sections, the direction symbol has been used to indicate where one illustration ends and the next one begins. If the end of the scroll occupies less than one page, the direction symbol is used to indicate its position in the illustration of the complete document. If the text on the back of the document has a different orientation from the text on the front, it is reproduced as it is, but is also rotated (indicated with the rotation symbol) so that it can be read easily.
8. The titles of the documents generally conform with those already established by the Library, but in some cases have been amended by drawing on the most recent scholarly research. The titles are derived firstly from the beginning of the text, then from the end of the text, and lastly from the cover. If the title of a document differs from its authoritative form, the authoritative form is used; and if a document has no title, one is either supplied by comparison with similar documents, or a new one is devised. If the document is not in Chinese, its language is indicated before the title. If the number of juan is different from that of the authoritative version, or if there are other irregularities, this is noted.
9. The documents in the book are in traditional Chinese characters. Where the title contains personal or place names, the original characters used for these names are retained.

(Translated by David Helliwell)

第六一册目録

BD00902 净度三昧經卷下

456.4cm × 26cm

惟帳美女恣情飲食可口文綵服餝衆伎自
娛坐呼立至應心所欲爲樂謂能奉持五戒
十善行十法本義四恩四等入八賢聖諦空
无相願死得泥洹是謂寂樂長者聞經欲垢
漸薄五百美女結解發无上正真道意尒時
外復有豪族長者七万人来欲礼世尊前来
長者使人閉門言内有宫人美女外人聞此
有上妙婦女欲来觀我婦美女耳我何爲將
美女来用亦衆〻共觀我美女大城宫殿佛
化作竟不能開門外長者衆通問得聽便前
至佛所坐中長者語諸美女皆伏地勿爲人
所觀諸妙首婦女盡伏地七万長者礼佛畢
訖即詣坐次而坐於佛告先来長者御莫慳
貪迷惑女色以心度他人心以意度他人意
謂心等意同[illegible]即同謂長女[illegible]无上

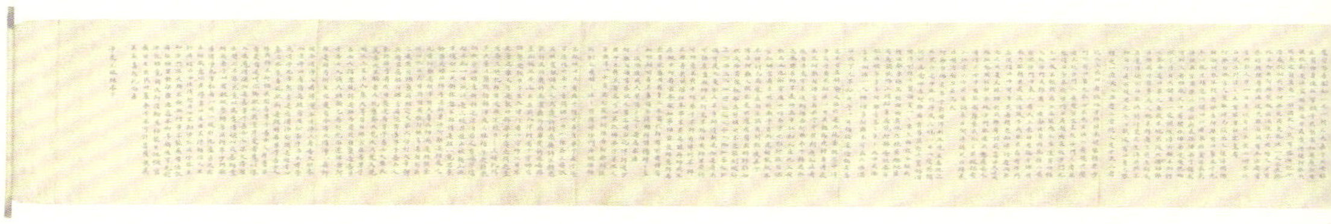

吾觀從頭至足盡醜无一好處女土囊口漏
不淨身體骨幹皮塗血澆皮覆以髒汚露在
内外强以文飾纠人目耳樂家縛獄貪世不
斷是種苦本色姤閻賢禁心他人善心死受
重殃長者白佛言婦女情貪為他男子所觀
更相婬汚遂種罪根故禁之耳佛言正使人
万劫中熟觀美女能使美女眉好損滅不正
使男女俱相悦色對共相視身不相到能有
損益不耶愛色增獄苦離色无憂愚妻為雨
當子為杻械舍為牢獄財為繫閉是四為地
獄種无著乃解離愛則近道近愛則增苦本
婬樂自纏縛如蠶作爾黠者能解婬縛不婬
除衆苦心念放逸行見婬以為淨恩愛意
熾盛從是造獄牢覺意滅婬火常念欲不淨
從是出獄牢能斷老死愚愛欲自覆蓋自恣
可情意自縛詣獄門如魚入狗口為老死所

可情意自縛詣獄門如象入狗口為老死所
思一日過去人命稍盡辟如牽牛向屠牛一
舉脚稍近死地可哀无救人之如是寸陰以
過人命亡滅人生則有死對彊健則有病對
丁㽵則有老對四怨共居苦皆從欲愛生一
由愚癡二由貪婬三由瞋恚除此三者四怨
則滅无復生老病死痛長得解脫无憂患長
者意解即得道迹前受五戒為清信士愛結
以解獄苦以滅死外梵天長者告諸美女吾
已得道意已離汝從汝所宜吾不拘汝五百
美女皆得道迹發无上正真道意求作沙門
聖衆比丘僧皆不聽此人大好若為沙門罪
人不少長者聞五百美女發意亡甚歡喜長
跪叉手白佛言願垂大慈聽為沙門五百美
女人解身瓔珞珠寶散佛及菩薩天弟子上

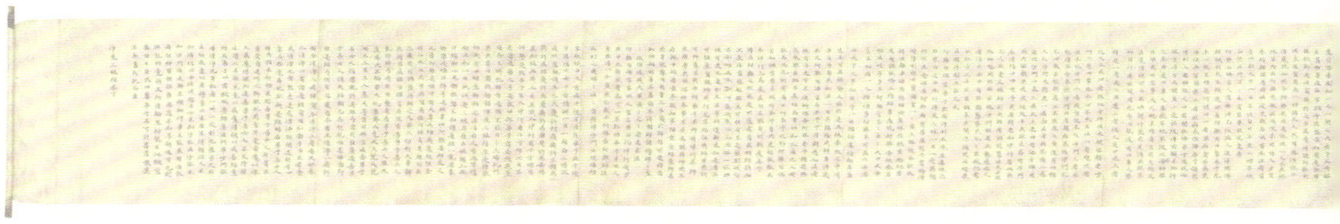

爲沙門拄是五百女人頭髮自然墮袈裟便
著身以成沙門其女歡喜化成男子得皆阿
惟越致五百沙門繞佛七匝頭面禮佛足下
并大弟子衆輩恩以說歡喜和顏悅色叉手
長跪白佛言請問四事所疑若見聽者乃敢
發問佛告五百沙門自恣所問佛當爲汝解
釋所疑五百新沙門俱同一念白佛言我等
蒙佛重恩今得過度出於死地還見四事人
及鳥狩身神一等受形不同狩著甲戴角鳥
角佐喙我等何緣去女爲男願釋所疑佛告
五百沙門諦聽內著心中狩所以著甲戴角
皆由宿命種行致之前世爲人時好著木跂
入寺舍講堂及沙門房死後入地獄燒地熱
如赤鐵足到地皆焦燒盡痛不可言積數千
万劫罪之未盡故使不死復入鐵刃獄足行
其上地生鐵刃利如剃頭刀人走其上斫足

BD00902　净度三昧經卷下

万劫罪之未盡故使不死復入鐵刃獄足行
其上地生鐵刃利如剃頭刀人之其上斷足
折骨〻積若干億万劫罪竟從地獄中來出
復作着甲狩戴角者畫着步搖葦掛巾角持
頭諂觸人死後入大鷲獄鷲之人兩肩上喙
如鐵嘴琢人頭發骨食腦積不可計劫乃復
得出為戴角虫鳥所以着角喙者平生為人
時畫口强辞貢傳舌鬪兩育死入鐵鉀獄〻
鬼燒鐵鉀正赤以落其舌復燒鐵鉤正赤鉤
有三刃利如芒獄鬼以鉤〻斷其舌復以利
刀撻其舌細切如縷舌這還生復以犁耕之
復以燒鐵杵判其咽中罪過未盡故不死積
不可計劫刑竟得出為鳥以角為喙若說君
主師父其罪未殃隨五不請
佛言所以於佛前去女為男女者惟昔之光
佛之時國中有一[illegible]

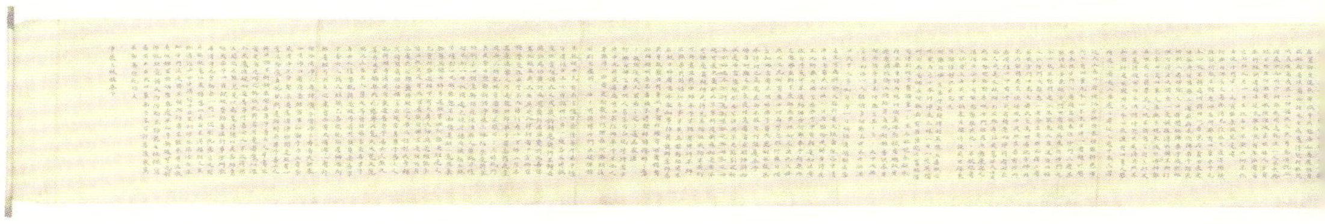

以為左右常循梵行時這講會菩薩遇之一
々解釋經中要事令五百人各得開解終日竟
夜門徒皆脫菩薩捨之而去後日同時俱見
定光佛々授菩薩決五百梵志亦發无上正
真道意尒時受莂菩薩者我釋迦文身是尒
時弥蘭者今長者優多羅身是也尒時五百
弟子者今汝五百沙門是唯循梵行恣態不
除故受女形宿師相遭結解乃成男子汝等
五百人却後十六中劫當得作佛号寶首如
来至真等正覺明行成為善逝世間解无上
士道法御天人師号佛世尊共同一字國名
妙樂人民熾盛但有菩薩衆无小道證佛住
世十六中劫像法亦十六中劫其時國中豊
熟快樂難量佛說是時卅万比丘得不退轉
四十億菩薩得阿惟顏九十億天人皆得无

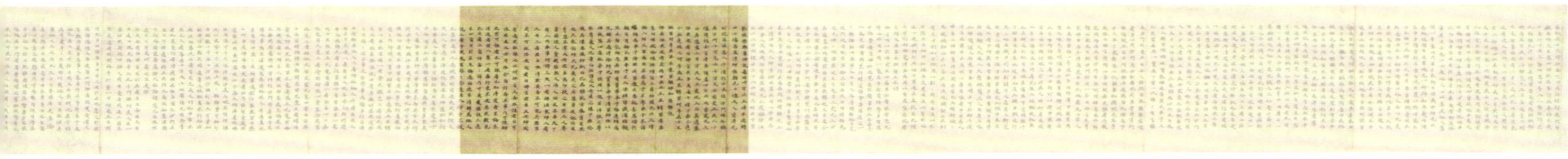

歎伏樂難量佛説是時卅万比丘得不退轉
四十億菩薩得阿惟顔九十億天人皆得无
所從生法忍八千清信士作沙門佛即聽
為沙門十万凡士七万凡女前受五戒六十
億清信女皆得柔順忍廿万比丘皆發无上
正真道意二百万天人皆發无上正真道意
恐畏長者白佛言我身更是千痛万毒已遍
今欲速離之何等為五不精罪何等為十不
救罪何等為不不竟罪願佛加恩解説
佛告恐畏長者受持勿妄也五不精罪者惡
意向佛破塔壞佛像盜三尊物鬪亂比丘僧
謗入師父罪為臣不忠為子不孝弟子不謹
順師為弟子除殃滅罪教去惡就善恩倍於
親百有餘分弟子不入深經律藏濁眼觀
其水動記師過若師有實事弟子憍過師為

撫尊廣人无量而誣謗之父母生之脿下推燥
擁痛潔慈感神祇丐化為種乳哺養育至其
長大教詔師氏礼義戒之其恩重天地而反
背恩不孝父母君主為印授之王能令人尊
貴能使人貧賤能煞人活人而反不忠天下
有三大難事何謂三大一者佛法衆師二者
父母三者君主唯得歎其善不可説其惡罪
戒不可救恐畏長者白佛言君主父母師友
有過我欲諫之云何佛言大善欲諫者自可
諫君及父母耳唯尒當詳審其事乃可諫師
友有可諫者不可諫者已知得道者不論未
得道者有二輩一者善行來不畏禁戒數見
犯法者之當詳審〻諦乃可廣覆竊諫三過
不止當自引不宜悔過而退不得轉為他人
説二者守戒畏罪饒〻念道出入

不心當自引不直悔過而退不得轉為他人
說二者守戒畏罪兢兢念道出入欺少不數
犯禁知是內无過缺唯時有過失或欲誡人
或知人有過不得道說故深求佛意歐和拘
舍羅度人是輩不可諫但當自責我遣弟子
中誰有不如法者願尊師當為我曹多罪戾
之人康除罪辜師曰弟子盡未即具香火師
問弟子卿戒淨不戒淨者燒香礼佛言戒淨
懺悔而退戒不淨者首過如事說師當教悔
過過乃除滅不賓万劫罪不除是為五不請
罪十不赦罪者一者貪无厭足之二者嫉无厭
足之三者瞋恚難諫曉四者愚癡所為无道難
与共語語之正事反引耶事為喻不信正法
五者嫉惡他人六者增姤他人七者主求人
短不自見過八者禁固人使不得聞經行道
布施為福九者不言罪福十

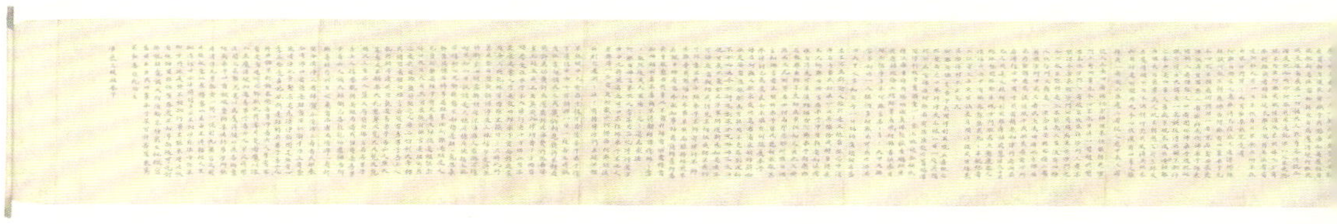

煞受罪无竟二者貪利刼盜心貪意念受罪
无竟三者婬妷无厭受罪无竟四者兩舌惡
口妄言綺語傳舌相鬪受罪无竟五者嗜酒
貪味悖亂无礼受罪无竟是為五无竟罪也
恐畏長者白佛言人處世間甚為危嶮度世
大難我甚憂怖唯有行作沙門閑房自守不
豫外事唯不得道之免苦地我今年過妻兒
累重情中愍々生相棄復劇任家衆罪日滋
云何自度佛告恐畏長者汝乃能自憂度世
道能滅我憂何甚快汝今遇大福得遭值佛
世尚復可耳乃復得聞淨度三昧其福功德
无以為喻十方須弥山段々解稱量可知斤
雨鉢數十方各十万恒沙佛剎海水可量知
斛外升合數其聞是尊三昧歡喜奉行如法
者其福尊无比是皆非凡夫人行如中事不

BD00902　淨度三昧經卷下

者其福尊无比是皆非凡夫人行如中事不
失毛分者尊過十方天上世間德无能與等
者如莫憂行者得度唯不能出家作沙門居
家亦可修道堅持五戒行九齋使如齋法齋
日詣塔廟受齋蕩滌六垢論講道化求後世
道自可得度何憂之不度耶
恐畏長者白佛言我所居處去王舍國五百
里遠田既无塔寺亦无沙門佛行度人不一
處任我食從卅餘人我年憂老或復小弱不
能遠道者既到塔寺行齋一日妨廢五日所
得既少所損甚多日月久長於生死意久則疲
厭墮落續入惡道當云何佛告恐畏長者人
身難得度身急事人來生時不手將妻子來
也死去亦不可將去我且非我何況妻子財

令作人天雨水中自求能得度意念
妻子枯并不度求道身中急事男女各自當
盡心敬意不懈懃苦乃可免難自作自得不
不与他人計日起難若彼聚落賢者少不能
越塔居沙門者當棄頑闇之聾馳就賢者之
衆唲兒可度何況成人任識者八歲男十歲
女可行千里各自有腳欲度身不當自起
難恐畏長者白佛言已解居聚无佛弟子但
有信人我當從業移近善友塔寺我自得其
福阿難白佛言是尊三昧度人乃尒衆生之
類有識之屬莫不得度者尊魏〻諸經中㝡
衆行之首立道之元百福之王尊妙乃尒名
爲何經云何奉行佛告阿難是經名斷諸苦
本一名揔持諸法門三昧又名淨度三昧度
諸天人民鬼神龍阿須輪下及三塗莫不度
脫淨諸情淨三界故名淨度過去諸佛皆奉

脫淨諸情淨三界故名淨度過去諸佛皆奉
行是淨度三昧自致得佛現在諸佛從是三
昧自致得佛當来諸佛亦當學是三昧從中
得佛當奉行阿難供養是三昧復當過於六
度阿難是經從生死大難中拔度衆生恩重
不可量阿難當念報恩阿難諷誦說是經處
魔皆愁毒剋如一人一朝亡失妻子父母財
產寶物身復在牢獄号哭愁毒如是魔恒伺
便欲斷是法當堅持之勿為魔得便阿難我
滅度後當廣為一切諸天人民布露演說令
得度脫如我今阿難我周遍說法一人不度終
終不捨去阿難我般泥洹後末世時人少有
奉行經誡者猗法仗界難名設有奉法者皆
言此狂人耳一日不住百日不食云何不住
正使沙門万万未有能集誡究竟者

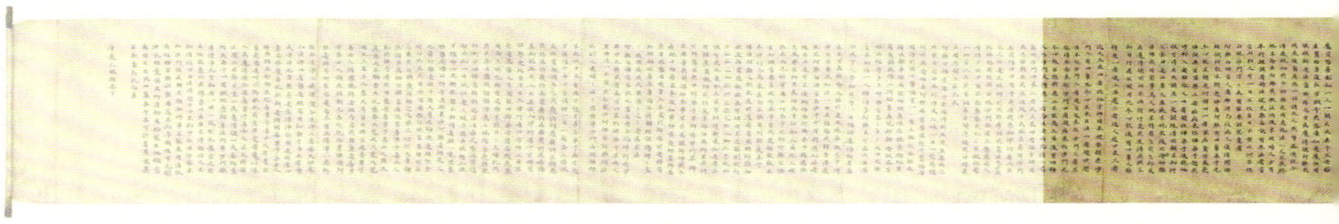

本心故不精進何謂四一者家居貧苦來受
佛識奠望富樂二者疾病來作佛弟子趣求
時利三者強致人四者閑作佛弟子後脱地
獄可得生天謂直一受識後得所願不知行
之委曲是四輩人愚癡不曉求後世濟神離
苦唯求目前事其人既不精進乍前乍却反
為魔得便所向不偶謂呼受戒反得其殃不
知自行違所致用无本心故復有四輩人能
精進一者畏三惡道二者從人道中來三者
從天上來四者從他方佛國來便能精進沙
門〻有四輩无本心不承至法一者避世間
苦來作沙門二者避官役來作沙門三者不
能得衣食來作沙門四者避病來作沙門无
本心故不能精進〻不能勉三苦復有四種
人作沙門大精進一者

本心故不能精進〻不能免三苦復有四種
人作沙門大精進一者念生老病死痛二者
宿世沙門中來三者天上來四者他方佛國
來乃能精進我泥洹後千歲欲末若有沙門
若清信士中有守戒者精進如律行者此非
凡人或是文殊師利或維摩詰或慧法大士或
颰陁惒或弥勒示現沙門欲建立懈廢之人
清信士女中有能慇懃奉戒死〻不缺犯者
〻他方上士或罪謫來生閻浮提或因緣來
生閻浮利〻非凡夫
阿難白佛言弟子於閻浮利五燒五毒燃之
世衆丙之中奉行淨度三昧一日一夜其福
何所為喻佛告阿難若有菩薩起七寶塔滿
閻浮利作七寶講堂一〻堂上施設金銀水
精流離車琭馬瑙珊瑚真珠作狀坐綩綖坐

言不如活一人福倍多阿難不可為比活滿
四天下人不如自守一日福倍復倍相去甚
遠不可為辟喻人能於是五燒妻燃之中清
淨自守齋戒如法一日其福隆盛轉身得度
不久阿難白佛言若弟子中有精進如法者
後自得度可不須師佛告阿難弟子精進唯
足免難非師不度師為重任如人生无父母
難名又无所寄屬云何名字之耶阿難白佛
言如佛言者末世時弟子皆共更相放效不
奉律行已為慶喜尚不能自何能度弟子
佛告阿難人欲求度世道者當求明師譬如
欲度海當隱視船為可任用不足能到波圻
不船師為本船師為新來船完堅師本故師
便可度无憂船又不牢師復新來如是者不
可强度當觀師戒行完不

BD00902　净度三昧經卷下

[illegible]
便可度无憂船又不窂師復新来如是者不
可彊度當觀師戒行究不堪任我師不我行
可師意不我中師弟子不師有律行不師
法難易我能堪任奉事不我為能持師戒不
若觀中師者當奉敬如事神當護師意師為
我書故懃告我書之不當於師有所愛惜當
知師姓所書不書語不得觸師諱傷師〻意
〻徼限後成大罪慎〻之〻是為求法
阿難白佛言末世人常不用正化律行者少
國中无持戒者為可心不作佛弟子不也人
身難得一尒當更刧數云何佛告阿難經法
所到之處時〻往〻有持律沙門出經佛種
不絶域中凡有若干億万菩薩弟子若干億
万清信士女十方諸佛一日一夜各三時放
道眼覆現者天人民幾許青進一幾許人青

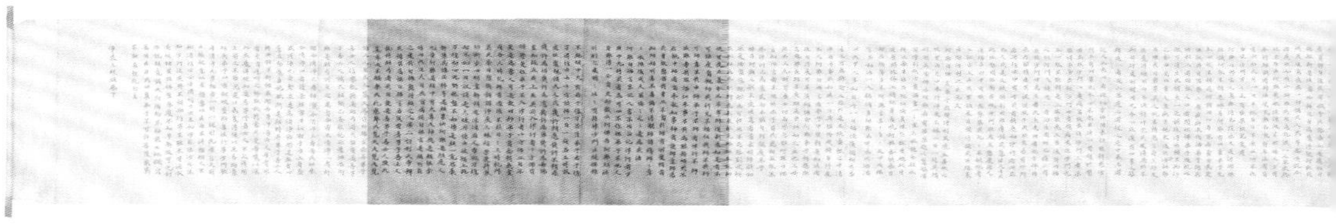

盡知從五戒上至具戒入律行者十方佛皆
稱譽受作弟子不入律行者十方佛亦自不
受是為棄人耳是故四部弟子當念精進晝
夜各三時礼拜首過唯不能日日三時礼拜
莫失叅日懃脩誦講淨度三昧信樂受持衆
垢漸少心明意解稍近泥洹若人布施万億
劫不如一日諷誦是三昧其德出彼福上施
万億劫心无解惓想不如讀是經一竟思義
解慧其德正等是經累汝阿難是經度人
无量阿難是經中有大尊天神與是經俱尒
時四天王大自與官屬俱白佛言是經所在
之處我自擁護持經之人弟二忉利天帝釋
與諸官屬俱白佛言若後有善男子善女人
執持經丐者我自護是善男子善女人鹽天
晃塞天不驕樂天化應聲天梵天大梵天梵

BD00902　淨度三昧經卷下

載持經[illegible]是善男子善女人臨天
皃摩天不驕樂天化應聲天梵天大梵天梵
輔天上至不入慧天等皆白佛言若善男子
善女人信樂執持是經乃者我自護是善男
子善女人諸天結願已各作礼而還佛告阿
難是經乃所至之處當令有五清淨一者拼
閣令清淨二者掃灑令清淨三者香火供養
令清淨四者讀是經當用心澡手巾五者褻
戒清淨无食葷菜是為清淨初聞是經者心
意不堅魔盡亂欲斷是經時若男子善女人
持異種不好語來聞善男子善女人耳者不
當受當逆呵之御欲亂我意耳受者魔以深
入為魔得便知是善男子善女人不久得聞
法聞之不能究竟以為魔得便以失善師意
師與弟子以有鬬諍豐師案法行事沙門敬

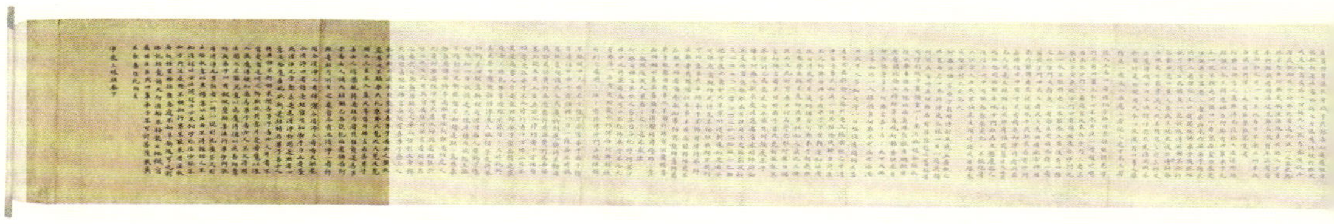

知清信士女法清信士女不知沙弥法沙弥不
知沙門法展轉不相知行事不能承用法教
者但種罪根俱墮惡道不如早解後可无對
佛說經竟諸天阿須輪鬼神龍王地獄官
屬國王臣民四輩弟子不可計菩薩衆莫
不歡喜作礼而去

淨度三昧經卷下

BD00902　淨度三昧經卷下

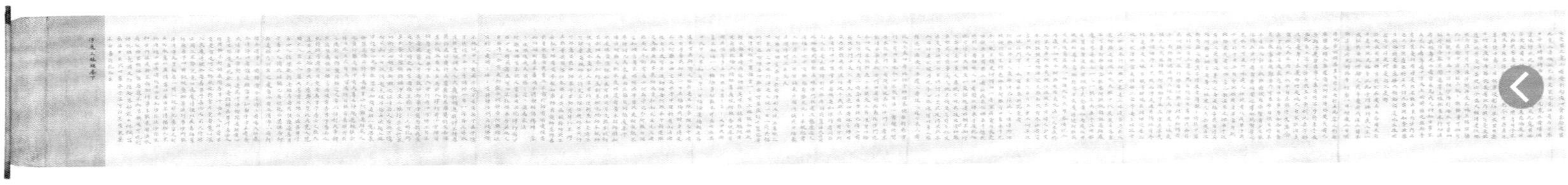

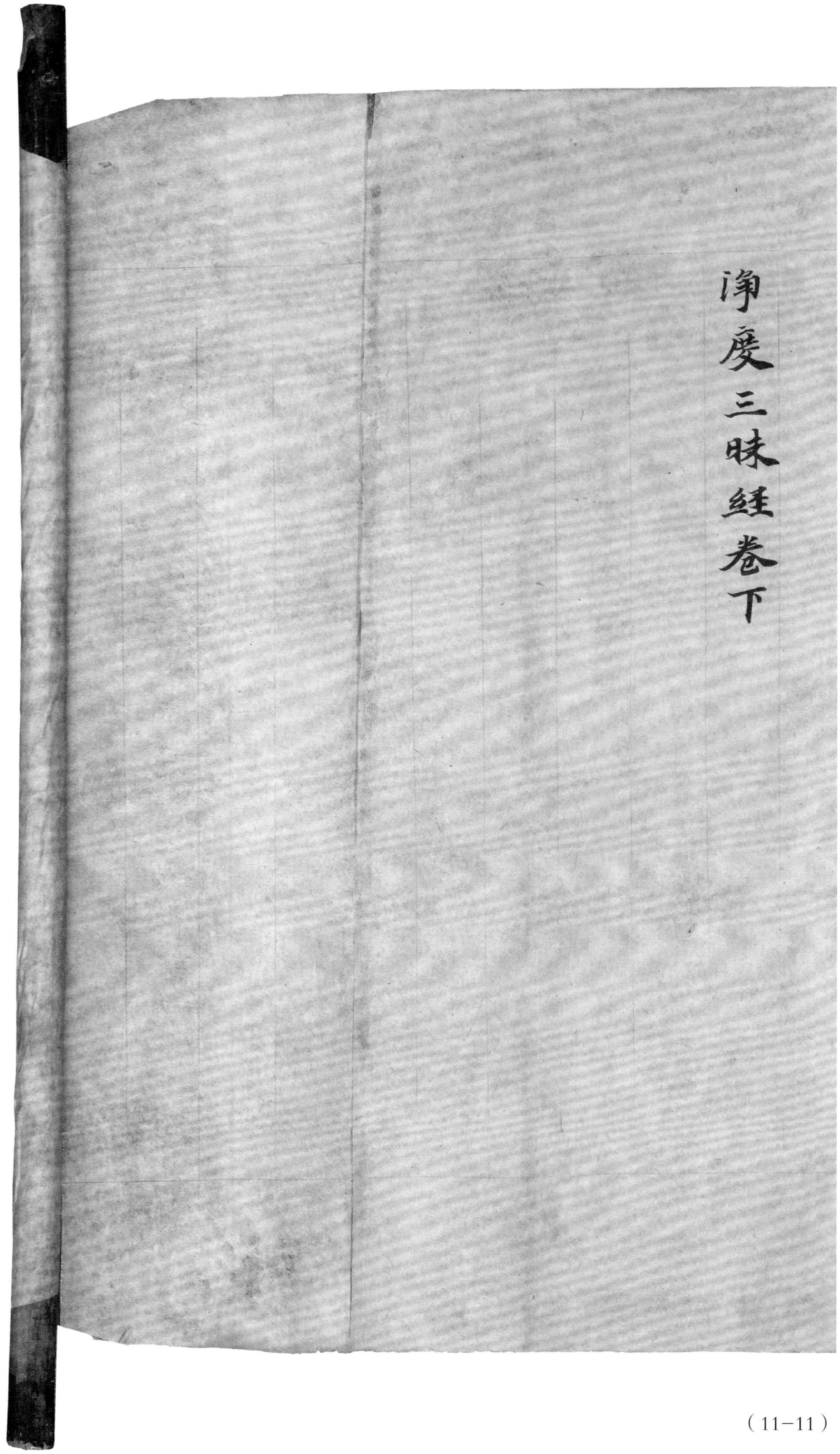
淨度三昧經卷下

BD00903

辯中邊論頌

彌勒菩薩 造

（唐）玄奘 譯

187.6cm × 30.8cm

辯中邊論頌　弥勒菩薩造　三藏法師玄奘奉　詔譯

辯相品第一　唯相

障真實　及脩諸對治　即此脩分位　德果无上乘

辯中邊論頌　弥勒菩薩造　三藏法師玄奘奉　詔譯

辯相品第一

唯相障真實　及脩諸對治　即此脩分位　德果无上乘

虚妄分別有　於此二都无　此中唯有空　於彼亦有此

故說一切法　非空非不空　有无及有故　是則契中道

識生變似義　有情我及了　此境實非有　境无故識无

虚妄分別性　由此義得成　非實有全无　許滅解脫故

唯所執依他　及圓成實性　境故分別故　及二空故說

依識有所得　境无所德生　依境无所德　識无所得生

由識有德性　亦成无所得　故知二有得　无性德平等

三界心心所　是虚妄分別　唯了境名心　分別名心所

一則名緣識　第二名受者　此中能受用　分別推心所

[illegible]

諸相及果门　義差別成立　應知二空性　略說唯由此

无二有无故　非有亦非无　非異亦非一　是說為空相

略說空異門　謂真如實際　无相勝義性　法界等應知

由无變无倒　相滅聖智境　及諸聖法因　異門義如次

此雜染清淨　由有垢无垢　如水界金空　淨故許為淨

能食及所食　此依身所住　能見此如理　所求二淨空

為常益有情　為不捨生死　為善无窮盡　故觀此為空

為種姓清淨　為德諸相好　為淨諸佛法　故菩薩觀空

補特伽羅法　實性俱非有　此无性有性　故別立二空

此若无雜染　一切應自脫　此若无清淨　功用應无果

非染非不染　非淨非不淨　心性本淨故　由客塵所染

辯障品第二

具分及一分　增盛與平等　於生死取捨　說障二種姓

九種煩惱相　謂愛等九結　初二障猒捨　餘七障真見

謂[illegible]障[illegible]覺　[illegible][illegible]成[illegible][illegible]　[illegible]養共敬[illegible]　[illegible]離[illegible][illegible]

九種煩惱相　謂愛等九結　初二鄣猒捨　餘七障真見
謂能障身見　彼事滅道寶　利養供敬尊　遠離遍智故
无加行非處　不如理不生　不起正思惟　資糧未圓滿
闕種姓善友　心極疲猒性　及闕於正理　鄙惡者同居
倒麁重三餘　般若未成熟　及本性麁重　懈怠放逸性
著有著資財　及心性下劣　不信无勝解　如言而思義
輕法重名利　於有情无悲　匱聞及少聞　不修治妙定
善菩提攝受　有慧无亂障　迴向不怖慳　自在名善等
如是善等十　各有前三障　於覺分度地　有別障應知
於事不善巧　懈怠定減二　不植羸劣性　見麁重過失
障富貴善趣　不捨諸有情　於失德減增　令趣入解脫
障施等諸善　无盡亦无間　所作善決定　受用法成熟
遍行與最勝　勝流及无攝　相續无差別　无雜染清淨
種種法无別　及不增不減　并无分別等　四自在依義

於其□□□　有不染无明　障十地功德　故說為十障
已斷諸煩惱　及諸所知障　許此二盡故　一切障解脫

辯真實品第三

真實唯有十　謂根本與相　无顛倒因果　及麁細真實
極成淨所行　攝受并差別　十善巧真實　皆為除我見
許於三自性　唯一常非有　一有而不真　一有无真實
於法數取趣　及所取能取　有非有性中　增益損減見
知此故不轉　是名真實相　无性與生滅　垢淨三无常
所取及事相　和合苦三種　空亦有三種　謂无異自性
无相及異相　自相三无我　如次四三種　依根本真實
苦三相已說　集亦有三種　謂習氣等起　及相未離繫
自性二不生　垢寂二三滅　遍知及永斷　證得三道諦
應知世俗諦　差別有三種　謂假行顯了　如次依本三
勝義諦亦三　謂義得正行　依本一无變　无倒二圓實
世極成依一　理極成依三　淨所行有二　依一圓成實

應知世俗諦 差別有三種 謂假行顯了 如次依本三
勝義諦亦三 謂義得正行 依本一无變 无倒二圓實
世俗成依一 理趣成依三 淨所行有二 依圓一成實
名遍計所執 相分別依他 真聖及正智 圓成實所攝
流轉與安立 邪行依初二 實相唯識淨 正行依後一
於蘊等我見 執一因受者 作者自在轉 增上義及常
雜染清淨依 觀縛解者性 此所執分別 法性義在彼
非一及總略 分段義名蘊 能所取彼取 種子義名界
能受所受境 用門義名處 緣起義於因 果用无增減
於非愛愛淨 俱生及勝主 得行不自在 是處非處義
根於取續 用二淨增上 因果已未用 是世義應知
受及受資糧 彼所因諸行 二寂滅對治 是諦義應知
由功德過失 及无分別知 依他自出離 是乘義應知
有為无為義 謂若假若因 若相若寂靜 若彼所觀義
辯脩對治品第四
以麁重愛因 我事无倒故 為入四聖諦 修念住應知

已遍知障治　一切種差別　為遠離脩集　勤脩四正斷
依住堪能性　為一切事成　滅除五過失　勤脩八斷行
懈怠忘聖言　及惛沉掉舉　不作行作行　是五過應知
為斷除四失　脩欲勤信安　即所依能依　及所因能果
為除餘四失　脩念智思捨　記言覺沉掉　伏行滅等流
已種順解脫　復脩五增上　謂欲行不忘　不散亂擇法
即損障名力　因果立次第　順決擇二二　在五根五力
覺支略有五　謂所依自性　出離并利益　及三无染支
由因緣所依　自性義差別　故輕安定捨　說為无染支
分別及誨示　令他信有三　對治障亦三　故道支成八
表見戒遠離　令他信深受　對治本隨惑　及自在障故
有倒順无倒　无倒有倒隨　无倒无倒隨　是脩治差別
并有脩習　由所緣作意　證得殊勝故　與二乘差別

辯脩分位品第五

所說脩對治　分位有十八　謂因入行果　作无作殊勝
上无上解行　入出離記說　灌頂及證得　勝利成所作
應知法界中　略有三分位　不淨淨不淨　清淨隨所應

可說依華嚴　分位有十八　謂四十行果　住十六住五
上无雜上行　入出雜記說　灌頂及證得　勝利成所作
應知法界中　略有三位亦　不淨淨不淨　清淨隨所應
依前諸位中　所有差別　隨所應建立　諸補特伽羅

辯得果品第六

器說爲果熟　力是彼增上　愛樂增長淨　如次即五果
復略說餘果　後後初數習　究竟順障滅　離勝上无上

辯无上乘品第七

總由三无上　說爲无上乘　謂正行所緣　及脩證无乘
正行有六種　謂最勝作意　隨法離二邊　差別无差別
最勝有十二　謂大廣長時　依處及无盡　无間无難性
自在攝發起　得等流究竟　由斯說十度　名波羅蜜多
十波羅蜜多　謂施戒安忍　精進定般若　方便願力智
菩薩以三慧　恒思惟大乘　如所施設法　名作意正行　此增長善界
入義及重入　此助伴應知　即十種法行　謂書寫供養　施他聽披讀
行十法行者　獲福聚无量　勝故无盡故　由攝他不隨法行二種
習者不散亂　无倒轉變者　[illegible]

有染淨客　无怖高无倒　知俱由相應　串習或翻此　有義及非是
是於文无倒　似二性顯現　如現實非有　是於義无倒　於作意无倒
如彼言熏習　言作意彼依　現似二因故　於不動无倒
謂知義非有　非无如幻等　有无不動故　於自相无倒
知一切唯名　離一切分別　於勝義自相　以離真界法　无別有法
故通達此者　於共相无倒　知顛倒作意　未滅及已滅　於法界雜染
清淨无顛倒　知法界本性　清淨如虛空　故染淨非主　是於客无倒
有情法无故　染淨性俱无　知此无怖高　是於二无倒　異性與一性
外道及聲聞　增益損減邊　有情法各二　所治及能治
常住與斷滅　所取能取邊　染淨三二種　分別二邊性
應知復有七　謂有非有邊　所能寂怖畏　所能取正邪
有用并无用　不起及將時　是分別二邊　差別无差別
應知於十地

BD00904 金剛蓮華大摧碎真言

42.8cm × 30.1cm

吽唎嘻儀耶 鉢囉娑悉多耶 怛他蘗都 烏悉泥沙 悉哆多
鉢怛糅 吽咄隴 登婆耶葛囉 吽咄隴 悉𪍨赦耶 葛囉吽咄隴
芒訶耶葛囉 吽咄隴 摩訶尾也 三慱乂耶葛囉吽咄隴 波囉尾
乜 三慱乂耶葛囉 吽咄隴 薩縛怒悉乜（薩泥反） 悉𪍨 耶葛囉吽咄
隴 薩縛蘗乂 邏乂婆 薄囉呵（薩泥反） 尾鄉葛囉吽咄隴 樓都囉
尸底（薩泥反） 薄囉呵 娑訶娑囉（薩泥反） 尾鄉娑耶葛囉 吽咄隴 阿瑟吒
吒尾寅薩底（薩泥反） 諾乂怛囉（薩泥反） 鉢囉娑難耶 葛囉吽咄隴 阿瑟吒
（薩泥反） 摩訶薩囉訶（薩泥反） 尾鄉娑耶葛囉吽咄隴 洛乂洛之 麼麼（某甲）
薄伽嚩底 阿悉底 耶喇加 不囉波 悉𪍨薯吒 尾儞悉多 悉哆多
鉢怛全 跢囉 跢囉 耶可耶可 耶囉 耶囉 尾耶囉 尾耶囉 真耶
真耶 頻耶 頻耶 吽吽叭叭 臨臨叭 呼呼叭 阿身迦囹叭 阿嚕
囉底可隨耶叭 縛囉不囉難耶叭 阿素囉尾娃囉囉㨆耶鷄囉耶叭
……叭 薩嚩可艮叭之白八 薩縛只旦叭之白八

囉底可陁耶吽　嚩囉不囉𧀚耶吽　吉晝嚩尾也嚕賀斯耶竟囉賀吽
薩嚩泥擬𧄼吽　薩嚩儞諾怕吽　薩嚩阿素令怕吽　薩嚩沒怛令怕吽
薩嚩伽鼻令怕吽　薩嚩乾闥嚩怕吽　薩嚩紫那令怕吽　薩嚩摩睺囉伽
吽　薩嚩藥叉怕吽　薩嚩洛叉剎星怕吽　薩嚩舒令底怕吽　薩嚩徽
薩星怕吽　薩嚩乍泥怕吽　薩嚩洁摩泥怕吽　薩嚩布單泥
怕吽　薩嚩葛多布單泥怕吽　薩嚩恙于泥吽怕吽　薩嚩鐇蹉星怕
吽　薩嚩溫摩泥怕吽　薩嚩𨅬芍怕吽　薩嚩阿菠了摩令怕吽　薩嚩呼
恙多陁囉𢮦怕吽　薩嚩怒𪇆連𥡴弟怕吽　薩嚩怒𪇆鉢令嘶口怕
吽　薩嚩揆令怕吽　薩嚩𪏭剃嘍嚕潘那劉光耶　毘嚩闌那尾吒
耶　禰令素哥　怒嚕素哥　怒嚕目廣多𨑌怕吽　薩嚩地利大地𨑌怕
吽　薩嚩溫摩底怕吽　薩嚩恙囉摩泥怕吽　薩嚩尾也那令怕吽
吒耶　劉囉　摩怒劉囉　薩嚩訶𠊱　娑地𨑌　■（勳）尾吒令怕吽

BD00905　東方金剛大集想

48.5cm × 29.2cm

東方金剛大集想一本
空心真言 訖怛含吽 空意真言 阿歌涅吽
空眼真言 唵哭呵 空身真言 唵吽叭
空住真言 唵嚧吽 平等真言 唵嚧剌
含婆 觀空真言 阿悉地嚧 東方金
剛想面青 身想黄 上身儭底 烈 肩
眼 打掌三下 右手中指四指扣拳 左手 指扣
中指屈鉤 叔脚三下 南无摩訶舍怛
含咩叭 唵 娑含 念那怛含 吽叭 唵毗那夜迦
東 耶 吽吽叭叭 唵可可叭叭 嚧吽叭嚧吽叭

揭吒吒吒吒……

唵毗盧遮那怛力　唵嗯傷亂怛含　唵三傷怛洸

唵阿迷迦薩醯含　唵阿鍐默坐底阿　唵三曼陀

怛囉怛洸　唵甫施悢吃那吽　唵三摩吉怛

洸　唵縛陀囉西浪醯含　唵三摩（耶）陀囉阿

唵讓曾〻〻　怛夭㗚〻〻　唵怛含嚐嚕犯

泥羅般陀[illegible]

唵讓曾ㄙㄙ怛婆薩ㄙㄙ蹉怛含嚐嚩叭

BD00906 金光明最勝王經卷四

（唐）義净 譯

50.3cm × 26cm

善男子二地菩薩是相先現三千
地平如掌无量无邊種種妙色[illegible]莊
嚴之具菩薩悉見善男子三地菩薩是相先
現自身勇健甲仗莊嚴一切怨賊皆能摧
伏菩薩悉見善男子四地菩薩是相先現四方
風輪種種妙花悉皆散灑充布[illegible]菩薩悉見
善男子五地菩薩是相先現有妙[illegible]女衆寶
瓔珞周遍嚴身首冠名花以為其飾菩薩悉
見善男子六地菩薩是相先現七寶花池有
四階道金砂遍布清淨无穢八功德水皆悉
盈滿嗢鉢羅花拘頭花分隨利花[illegible]莊嚴於
花池所遊戲快樂清涼无比菩[illegible]見善男
子七地菩薩是相先現於菩薩[illegible]有諸衆
生應墮地獄以菩薩力便得不墮无有損傷

[illegible]
衆獸悉皆怖畏菩薩悉見善男子九地菩
薩是相先現轉輪聖王无量億衆圍繞供養頂
上白蓋无量衆寶之所莊嚴菩薩悉見善
男子十地菩薩是相先現如來之身金色晃
耀无量淨光悉皆圓滿有无量億梵王圍繞
恭敬供養轉於无上微妙法輪菩薩悉見善
男子云何初地名為歡喜謂初證得出世之
心昔所未得而今始得於大事用如其所
願悉皆成就生極喜樂是故最初名為歡喜
諸微細垢犯戒過失皆得清淨是故二地名
為无垢无量智慧三昧光明不可傾動无能
摧伏聞持陀羅尼以為根本是故三地名為
明地以智慧火燒諸煩惱增長光明修行覺
故四地名為焰地修行方便勝智自在
五地名

BD00907 金剛蓮華大摧碎真言

42.2cm × 29.9cm

楞都嚕娑揭泥怕叭 縛楞羅 先摩含盈 徽也羅㨶泥怕叭 摩訶不
奢宜含怕叭 縛楞羅 僧篩囉不囉多宜羅耶叭 摩訶嚧羅
盈叭 嚧羅儺地芳叭 因地含叭 先地含芳叭 高摩含叭 婆羅芳叭 那
羅耶泥芳叭 左芭泥芳叭 羅地含芳叭 嚧羅〻地芳叭 闍摩儺
地芳叭 含攱含叭 阿地目詰地悉麼散泥縛散泥叭
南无羅耶怛羅夜也 那摩怛他揭都 烏瑟尼沙 蘇揭多 阿含曇夜
三藐三菩陁耶 但寫 那麼悉吉離埵 伊迦麼 薄伽伐都 烏
瑟你沙 薩縛泥縛 那摩悉吉離埵 薩縛弥尾 補只底 薩縛
字多泥薩婆 泥栽羅訶萬泥薩婆 努瑟也泥薩婆 那麼于 怛姪他怚 哆哩多
莪折羅 播鉢 鉢羅尾波 蘇鉢囉波 怛他揭多 烏瑟你沙耶 謨他
耶 迷薩得底 那三麼寅那 烏怛薩縛訶 末他末他 婆羅溫怛

迸薩[illegible]
三慱乂耶 吽咄隴 登婆耶葛囉 吽咄隴 恙駝般耶葛囉吽
咄隴 忙訶耶葛羅吽咄隴 詒乂詒乂 吽 麼麼某甲薩
縛 呼婆地全尾嚕 薄伽梵 呼嚕呼嚕 怛他揭都 烏瑟尼沙
南无恙咄底 阿尸底一耶囉鷄 不羅婆 恙奢多 亘哥恙多 鉢
怛全嚀囉 嗙囉 乎泥薩埵 耶囉耶囉 徵耶囉 徵耶囉 吽吽
叭叭 鹽鹽叭 唵忙伽叭 菴鉢囉底阿薩耶叭 婆囉婆囉耶耶
叭 向素囉徵怛囉婆耶葛囉耶叭 苦囉只多 麼麼奴恙
多只八多 咤吔囉只多多 跛乚嗟多 阿嘻多嗟多 底洫
般字由 喻耶薩他 阿嚕吟剃耶 尸麼遍多薩乂況 喟嚧羅

BD00908

梵網經盧舍那佛說菩薩心地戒品第十卷下

（後秦）鳩摩羅什 譯

BD00908v

藏文無量壽宗要經

183.6cm × 25.5cm

佛告諸弟子言有十重波羅提木叉若受菩
薩戒不誦此戒者非菩薩非佛種子我亦如
是誦一切菩薩已學一切菩薩當學一切菩
薩今學已略説波羅提木叉相貌應當學
敬心奉持
佛告佛子若自煞教人煞方便讃歎煞見作
隨喜乃至呪煞煞因煞緣煞法煞業乃至一
切有命者不得故煞是菩薩應起常住慈悲
心孝順心方便救護而自恣心快意煞生是
菩薩波羅夷罪
若佛子自盜教人盜方便盜盜因盜緣盜法
盜業况盜乃至鬼神有主劫賊物一切財物
一針一草不得故盜而菩薩應生佛性孝順
慈悲心常助一切人生福生樂而反更盜人
財物是菩薩波羅夷罪

若佛子自婬教人婬乃至一切女人不得故
婬婬因婬緣婬法婬業乃至畜生女諸天鬼
神女及非道行婬而菩薩應生孝順心救度
一切衆生淨法與人而反更起一切人婬不
擇畜生乃至母女姉妹六親行婬无慈悲心
是菩薩波羅夷罪
若佛子自妄語教人妄語方便妄語妄語因
妄語緣妄語法妄語業乃至不見言見見言
不見身心妄語而菩薩常生正語正見亦生
衆生正語正見而反更起一切衆生耶語耶
見耶業是菩薩波羅夷罪
若佛子自酤酒教人酤酒酤酒因酤酒緣酤
酒法酤酒業一切酒不得酤是酒起罪因緣
而菩薩應生一切衆生明達之慧而反更生
衆生顛倒之心是菩薩波羅夷罪
若佛子自説出家在家菩薩比丘比丘尼罪

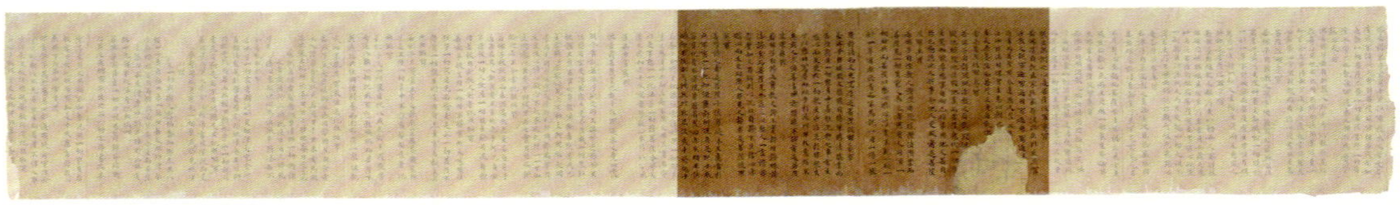

衆生顛倒之心是菩薩波羅夷罪
若佛子自説出家在家菩薩比丘比丘尼罪
過教人説罪過罪過因罪過緣罪過法
過業而菩薩聞外道惡人及二乘
法中非法非律常生悲心教化
生大乘善信而菩薩反更自説佛
者是菩薩波羅夷罪
若佛子自讚毀他亦教人自讚毀他
毀他緣毀他法毀他業而菩薩應代一切衆
生受加毀辱惡事自向己好事與他人若自
揚己德隱他人好事令他人受毀者是菩薩
波羅夷罪
若佛子自慳教人慳慳因慳緣慳法慳業而
菩薩見一切貧窮人來乞者隨前人所須一
切給與而菩薩以惡心瞋心乃至不施一錢一
針一草有求法者不爲説一句一偈一微

塵許法而反更罵辱是菩薩波羅夷罪
若佛子自瞋教人瞋瞋因瞋緣瞋法瞋業而
菩薩應生一切衆生中善根无諍之事常生
悲心而反更於一切衆生中乃至於非衆生
中以惡口罵辱加以手打及以刀杖意猶不
息前人求悔善言懺謝猶瞋不解者是菩薩
波羅夷罪
若佛子自謗三寶教人謗三寶謗因謗緣謗
法謗業而菩薩見外道及以惡人一言謗佛
音聲如三百鉾刺心況口自謗不生信心孝
順心而反更助惡人耶見人謗者是菩薩波羅
夷罪
善學諸人者是菩薩十波羅提木叉應當於
中不應一一犯如微塵許何況具足犯十戒
若有犯者不得現身發菩薩心亦失國王位
轉輪王位亦失比丘比丘尼位失十發趣十

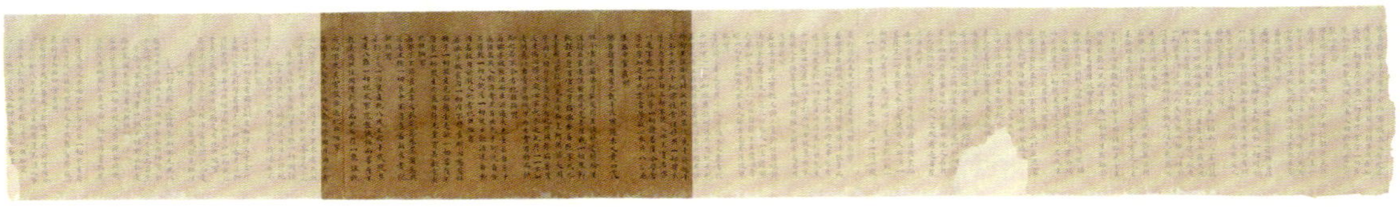

轉輪王位亦失比丘比丘尼位失十發趣十
長養十金剛十地佛性常住妙果一切皆失
墮三惡道中二劫三劫不聞父母三寶名字
以是不應一一犯汝等一切諸菩薩今學當
學已學如是十戒應當學敬心奉持八万威
儀品中當廣明
佛告諸菩薩言已說十波羅提木叉竟四十八
輕今當說若佛子欲受國王位時受轉輪王
位時百官受位時應先受菩薩戒一切鬼神
救護王身百官之身諸佛歡喜既得戒已
生孝順心恭敬心見上座和上阿闍梨大同
學同見同行者應起承迎礼拜問訊而菩薩
反生憍心慢心癡心不起承迎礼拜一一不如
法供養以自賣身國城男女七寶百物而供
給之若不尒者犯輕垢罪

若佛子故飲酒而生酒過失無量若自身手
過酒器與人飲酒者五百世无手何況自飲
不得教一切人飲及一切衆生飲酒況自飲
酒若故自飲教人飲者犯輕垢罪
若佛子故食肉一切肉不得食斷大慈悲性
種子一切衆生見而捨去是故一切菩薩不
得食一切衆生肉食肉得无量罪若故食者
犯輕垢罪
若佛子不得食五辛大蒜革葱慈葱蘭葱興
渠是五種一切食中不得食若故食者犯
輕垢罪
若佛子見一切衆生犯八戒五戒十戒毀禁
七逆八難一切犯戒罪應教懺悔而菩薩不
教懺悔共住同僧利養而共布薩一衆住說
戒而不舉其罪教悔過犯輕垢罪
若佛子見大乘法師大乘同學同見同行者

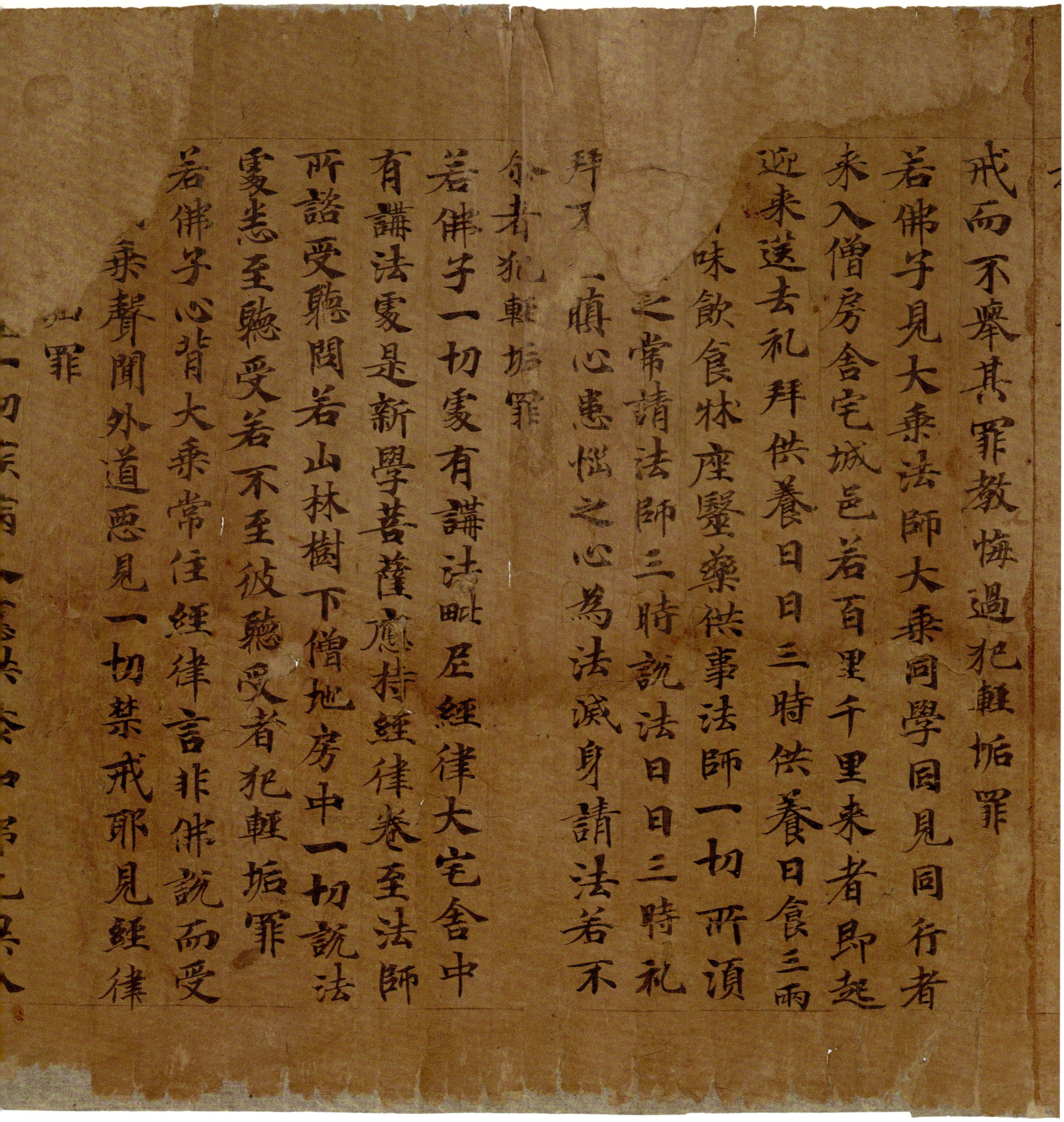

戒而不舉其罪教悔過犯輕垢罪
若佛子見大乘法師大乘同學同見同行者
来入僧房舍宅城邑若百里千里来者即起
迎来送去礼拜供養日日三時供養日食三兩
百味飲食牀座醫藥供事法師一切所須
之常請法師三時說法日日三時礼
拜不生瞋心患惱之心為法滅身請法若不
爾者犯輕垢罪
若佛子一切處有講法毗尼經律大宅舍中
有講法處是新學菩薩應持經律卷至法師
所諮受聽問若山林樹下僧地房中一切說法
處悉至聽受若不至彼聽受者犯輕垢罪
若佛子心背大乘常住經律言非佛說而受
乘聲聞外道惡見一切禁戒邪見經律
垢罪

[illegible]
子病諸根不具百種病苦皆養令差而菩薩
以瞋恨心不至僧房中城邑曠野山林道
路中見病不救濟者犯輕垢罪
若佛子不得畜一切刀杖弓箭鉾斧鬬戰
之具及惡網羅煞生之器一切不得畜而菩
薩乃至煞父母尚不加報況煞一切衆生若
故畜刀杖犯輕垢罪如是十戒應當學敬心
奉持下六品中當廣開
佛言佛子為利養惡心故通國使命軍陣合
會興師相伐煞无量衆生而菩薩不得入軍
中往来況故作國賊若故作者犯輕垢罪
若佛子故販賣良人奴婢六畜市易官

BD00908　梵網經盧舍那佛説菩薩心地戒品第十卷下

BD00908v　藏文無量壽宗要經

BD00909 金剛蓮華大摧碎真言

BD00909v 勘記

42.2cm × 29.8cm

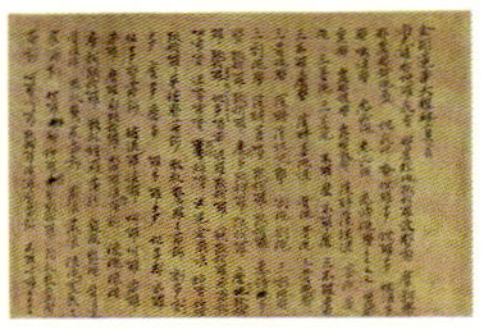

金剛蓮華大摧碎真言

南无囉那怛囉夜耶　那麼穬陁跋折囉波那盈　摩訶藥

耶聲那鉢陁盈　怛夜他　唵　怛囉多　怛囉多　咄浪多

耶　咄浪耶　悉必陁　悉必陁　悉湧陁耶〻〻〻　毘那

毘那　毘那波耶　毘那波耶　薩縛薩捶泥　菩陁　菩

陁　三菩陁　三菩陁　不囉麼　不囉麼　三不囉麼耶

三不囉麼耶　薩縛菩陁泥　胃陁　胃陁　三胃陁耶

三胃陁耶　薩縛薩怛砚難　割陁　割陁　三割陁耶

三割陁耶　薩縛菩吵多　跋折囉　跋折囉　悉湧陁多

耶　跋折囉　跋折囉　麼割多跋折囉　跋折囉　麼他多跋折

麼他跋只金〻〻〻

囉　跋折囉　但多喝薩　泥囉跋折囉　薩跋折囉耶薩訶　麼他跋只念ヒヒヒ
唎喃嚕　泥嚕喃嚕　娑姑嚕　泥迷含藏浪　姑嚕姑嚕
跋折囉平佉耶薩訶　薮礼薮囉ヒ薩訶　割多割
多　麼多麼多　囉多囉多多　忙多那　不囉
忙多多耶薩訶　佉泥囉佉囉　呵囉呵囉　薩囉
薩囉　麼囉耶跋折囉　眦陁囉泥薩訶　陳陁陳陁
摩訶跋折囉　薮礼虵囉薩訶　盤陁盤陁　胃浪陁
胃浪陁　薮礼薮囉薩訶　藏浪藏浪　陳陁靈薮ヒ
囉薩訶　怛囉薩耶　怛囉薩耶跋折囉　薮礼薮靈耶
薩訶　呵囉呵囉　跋折囉陁囉耶薩訶　不囉呵囉ヒヒヒ

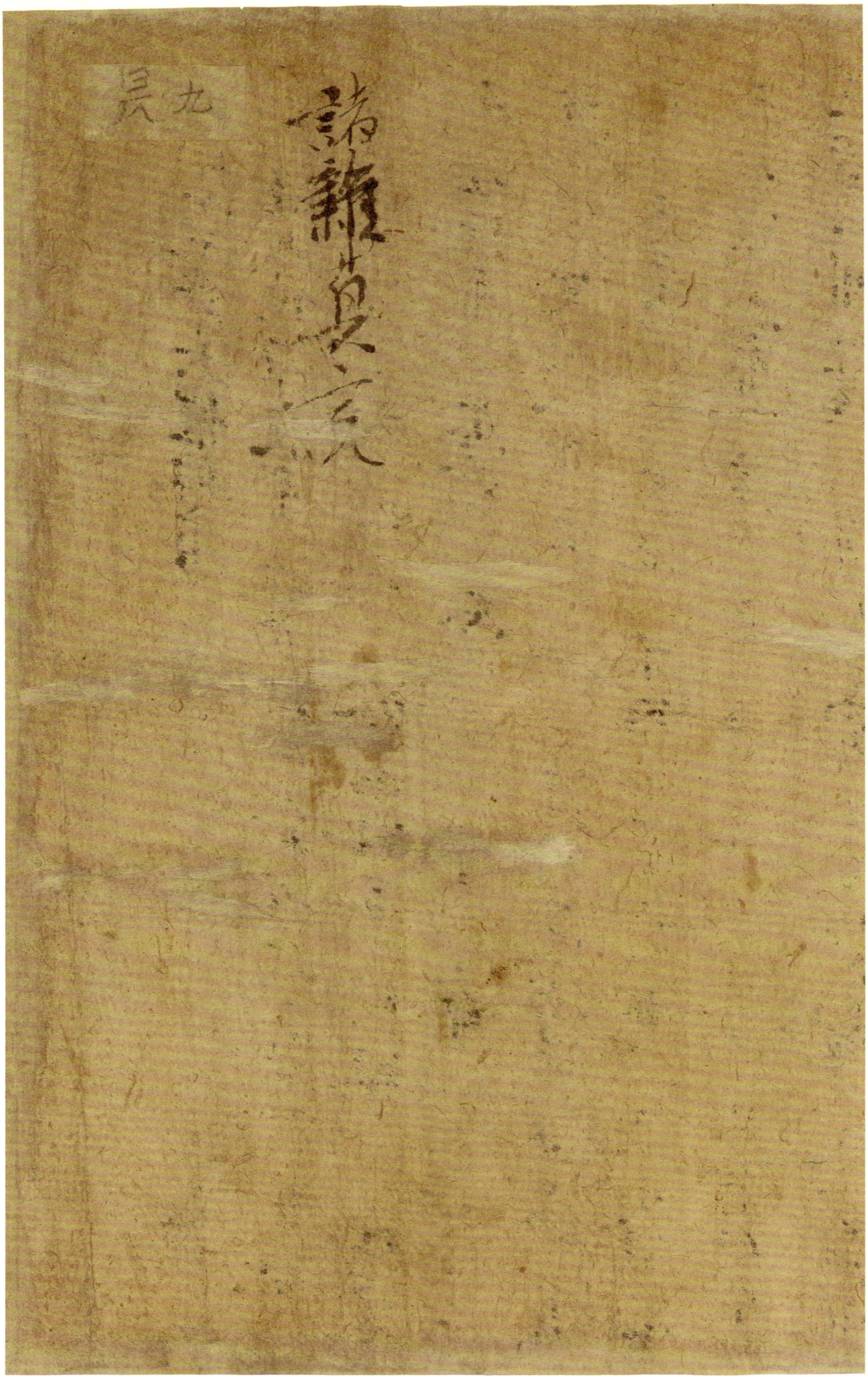

BD00909v　勘記

BD00910 維摩詰所説經卷上

（後秦）鳩摩羅什 譯

764.8cm × 24cm

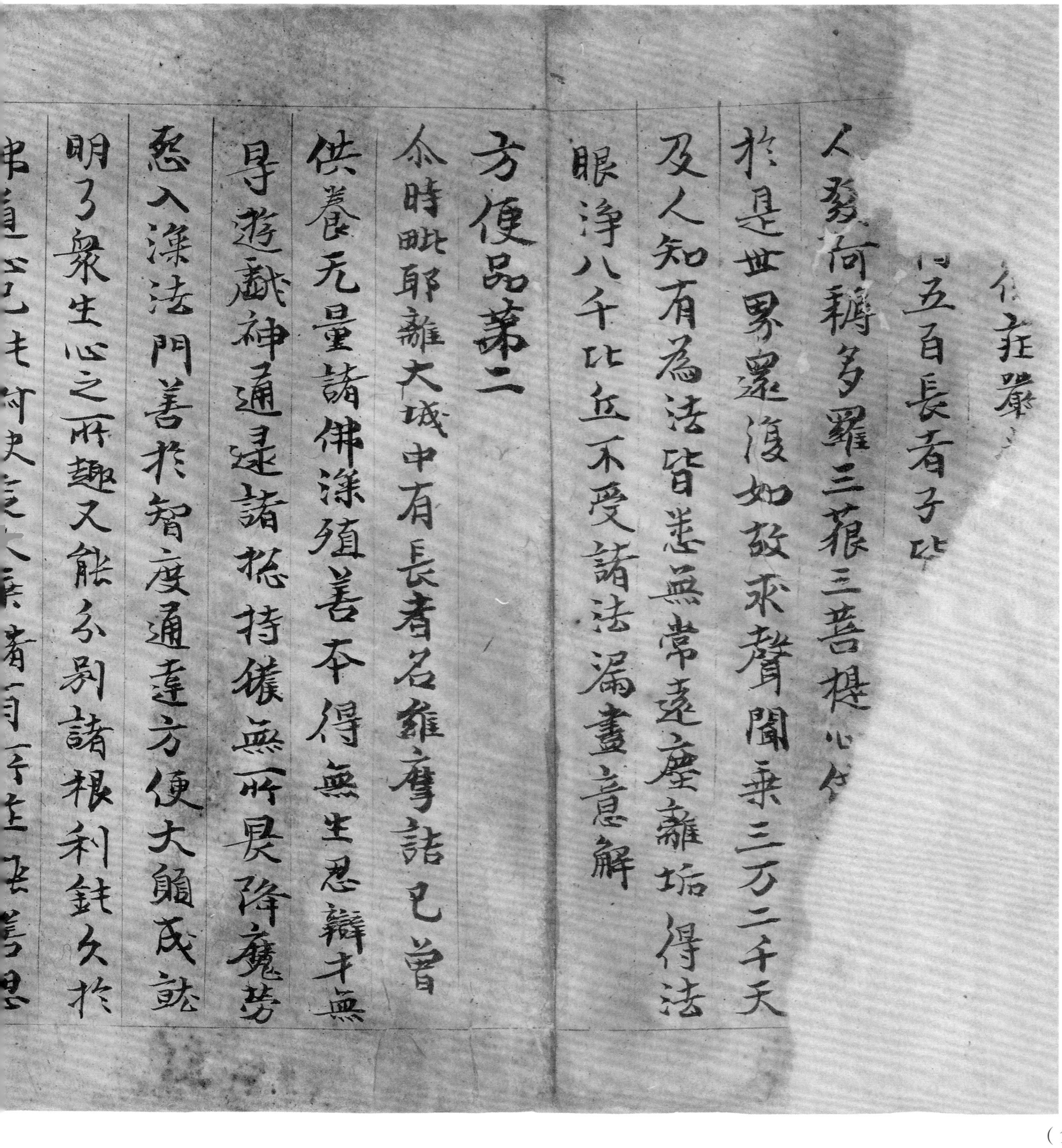

佛莊嚴

有五百長者子皆

人發阿耨多羅三藐三菩提心

於是世界還復如故求聲聞乘三万二千天

及人知有爲法皆悉無常遠塵離垢得法

眼淨八千比丘不受諸法漏盡意解

方便品第二

尒時毗耶離大城中有長者名維摩詰已曾

供養无量諸佛深殖善本得無生忍辯才無

㝵遊戲神通逮諸摠持獲無所畏降魔勞

怨入深法門善於智度通達方便大願成就

明了衆生心之所趣又能分別諸根利鈍久於

佛道心已純淑決定大乘諸有所作能善思

世主所敬欲度人故以善方便居毗耶離資
財無量攝諸貧民奉戒清淨攝諸毀禁以忍
調行攝諸恚怒以大精進攝諸懈怠一心禪寂
攝諸亂意以決定慧攝諸無智雖為白衣
奉持沙門清淨律行雖處居家不著三界示
有妻子常脩梵行現有眷屬常樂遠離雖
服寶飾而以相好嚴身雖復飲食而以禪悅為
味若至博弈戲處輒以度人受諸異道不毀
正信雖明世典常樂佛法一切見敬為供養
中最執持正法攝諸長幼一切治生諧偶雖
獲俗利不以喜悅遊諸四衢饒益眾生入治
政法救護一切入講論處導以大乘入諸學
堂誘開童蒙入諸婬舍示欲之過入諸酒肆

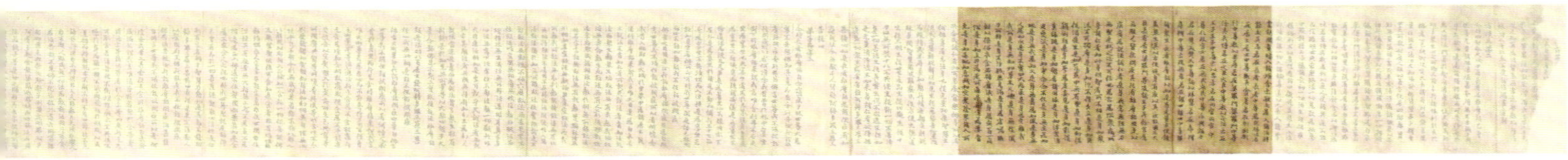

堂誘開童矇入諸婬舍示欲之過入諸酒肆
能立其志若在長者長者中尊為說勝法若
在居士居士中尊斷其貪著若在剎利剎利
中尊教以忍辱若在婆羅門婆羅門中尊
除其我慢若在大臣大臣中尊教以正法若在
王子王子中尊示以忠孝若在內官內官中
尊化政宮女若在庶民庶民中尊令興福力
若在梵天梵天中尊誨以勝慧若在帝釋
帝釋中尊示現無常若在護世護世中尊護
諸衆生長者維摩詰以如是等无量方便饒
益衆生其以方便現身有疾以其疾故國王大
臣長者居士婆羅門等及諸王子并餘官屬
無數人皆往問疾其往者維摩詰因身以
疾廣為說法言諸仁者是身無常無強無力

無堅速朽之法不可信也為苦為惱眾病所
集諸仁者如此身明智者所不怙是身如聚
沫不可撮摩是身如泡不得久立是身如炎
從渴愛生是身如芭蕉中無有堅是身如幻從
顛倒起是身如夢為虛妄見是身如影從
業緣現是身如響屬諸因緣是身如浮雲須
臾變滅是身如電念念不住是身無主為如
地是身無我為如火是身無壽為如風是身無
人為如水是身不實四大為家是身為空離我
我所是身無知如草木瓦礫是身無作風
力所轉是身不淨穢惡充滿是身為虛偽雖
假以澡浴衣食必歸磨滅是身為災百一病
惱是身如丘井為老所逼是身無定為要當
死是身如毒蛇如怨賊如空聚陰界諸入所

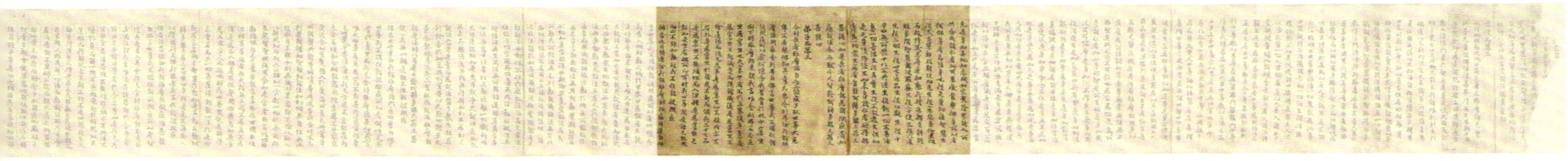

死是身如毒虵如怨賊如空聚陰界諸入所
共合成諸仁者此可患厭當樂佛身所以者
何佛身者即法身也從无量功德智慧生
從戒定慧解脫解脫知見生從慈悲喜捨生從
布施持戒忍辱柔和懃行精進禪定解脫
昧多聞智慧諸波羅蜜生從方便生從六通
生從三明生從卅七道品生從止觀生從十
力四無所畏十八不共法生從斷一切不善法
集一切善法生從真實生從不放逸生從如
是无量清淨法生如來身諸仁者欲得佛
身斷一切衆生病者當發阿耨多羅三藐三
菩提心如是長者維摩詰爲諸問疾者如
應說法令無數千人皆發阿耨多羅三藐三
菩提心

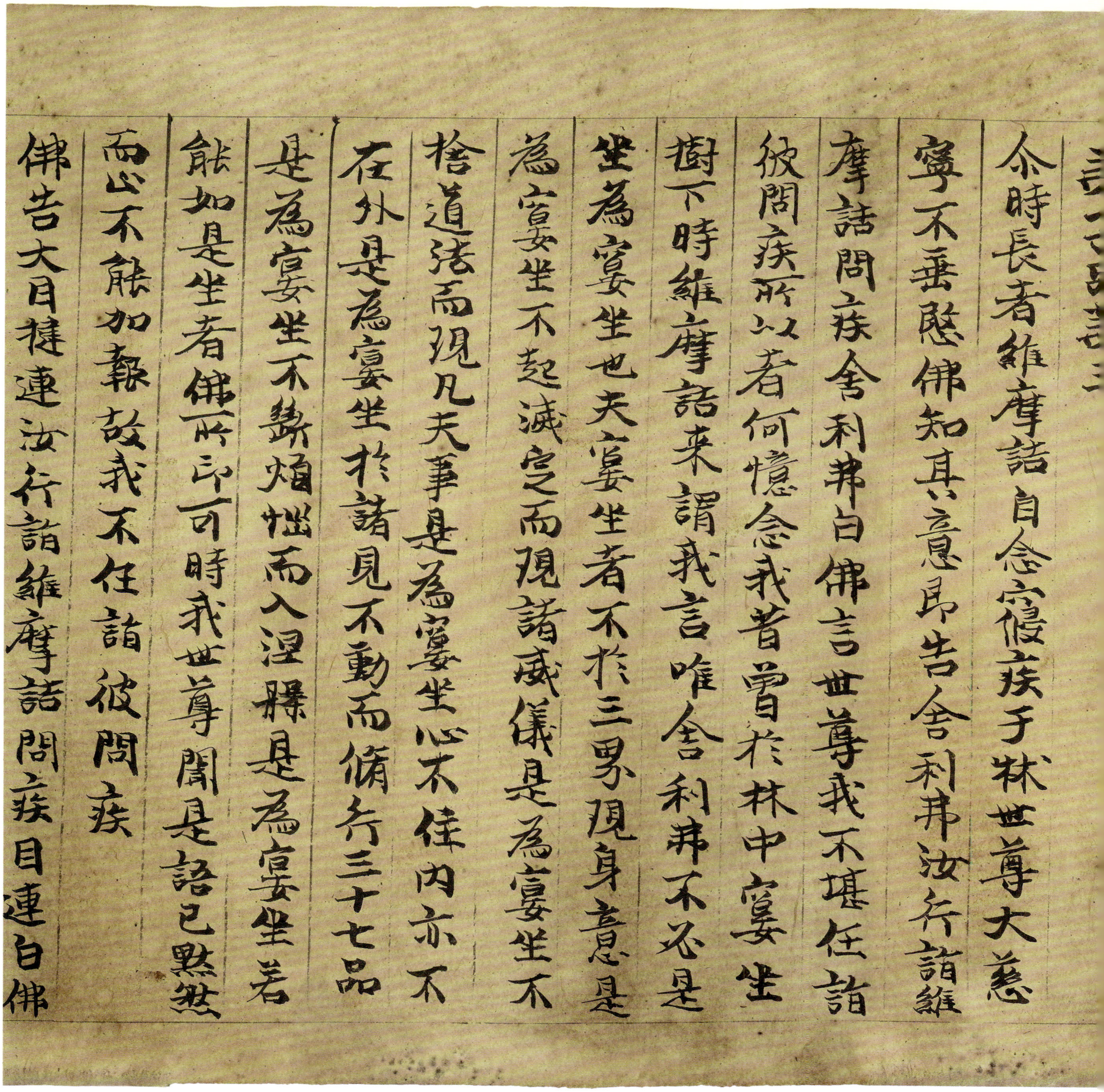

尒時長者維摩詰自念寑疾于牀世尊大慈
寧不垂愍佛知其意即告舍利弗汝行詣維
摩詰問疾舍利弗白佛言世尊我不堪任詣
彼問疾所以者何憶念我昔曾於林中宴坐
樹下時維摩詰來謂我言唯舍利弗不必是
坐為宴坐也夫宴坐者不於三界現身意是
為宴坐不起滅定而現諸威儀是為宴坐不
捨道法而現凡夫事是為宴坐心不住內亦不
在外是為宴坐於諸見不動而脩行三十七品
是為宴坐不斷煩惱而入涅槃是為宴坐若
能如是坐者佛所印可時我世尊聞是語已默然
而止不能加報故我不任詣彼問疾
佛告大目揵連汝行詣維摩詰問疾目連白佛

佛告大目揵連汝行詣維摩詰問疾目連白佛
言世尊我不堪任詣彼問疾所以者何憶念
我昔入毗耶離大城於里巷中為諸居士說
法時維摩詰來謂我言唯大目連為白衣居
士說法不當如仁者所說夫說法者當如法說
法無衆生離衆生垢故法無有我離我垢故
法無壽命離生死故法無有人前後際斷故
法常寂然滅諸相故法離於相無所緣故法
無名字言語斷故法無有說離覺觀故法無
形相如虛空故法無戲論畢竟空故法無我
所離我所故法無分別離諸識故法無有比
無相待故法不屬因不在緣故法同法性入諸
法故法隨於如無所隨故法住實際諸邊不

增損法無生滅法無所歸法過眼耳鼻舌身
心法無高下法常住不動法離一切觀行唯
大目連法相如是豈可說乎夫說法者無說
無示其聽法者無聞無得譬如幻士為幻人
說法當建是意而為說法當了衆生根有
利鈍善於知見無所罣㝵以大悲心讚于大
乘念報佛恩不斷三寶然後說法維摩詰
說是法時八百居士發阿耨多羅三藐三菩
提心我無此辯是故不任詣彼問疾
佛告大迦葉汝行詣維摩詰問疾迦葉白佛言
世尊我不堪任詣彼問疾所以者何憶念我
昔於貧里而行乞食時維摩詰來謂我言
唯大迦葉有慈悲心而不能普捨豪富從貧

昔於貧里而行乞食時維摩詰來謂我言
唯大迦葉有慈悲心而不能普捨豪富從貧
乞迦葉住平等法應次行乞食為不食故應行
乞食為壞和合相故應取揣食為不受故應
受彼食以空聚想入於聚落所見色與盲等
所聞聲與響等所嗅香與風等所食味不分
別受諸觸如智證知諸法如幻相無自性無他
性本自不然今則無滅迦葉若能不捨八邪入
八解脫以邪相入正法以一食施一切供養諸佛
及衆賢聖然後可食如是食者非有煩惱非
離煩惱非入定意非起定意非住世間非住
涅槃其有施者無大福無小福不為益不為
損是為正入佛道不依聲聞迦葉若如是食

斯有家名辯才智慧乃能如是其誰不發阿
耨多羅三藐三菩提心我從是來不復勸人
以聲聞辟支佛行故是我不任詣彼問疾
佛告須菩提汝行詣維摩詰問疾須菩提
白佛言世尊我不堪任詣彼問疾所以者何
憶念我昔入其舍從乞食時維摩詰取我鉢
盛滿飯謂我言唯須菩提若能於食等者
諸法亦等諸法等者於食亦等如是行乞乃
可取食若須菩提不斷婬怒癡亦不與俱不
壞於身而隨一相不滅癡愛起於明脫以五
逆相而得解脫亦不解不縛不見四諦非不見
諦非得果非不得果非凡夫非離凡夫法非聖人

諍非得果非不得果非凡夫非離凡夫法非聖人
非不聖人雖成就一切法而離諸法相乃可食
若須菩提不見佛不聞法彼外道六師富樓
那迦葉末迦梨拘賒梨子刪闍夜毗羅胝子
阿耆多翅舍欽婆羅迦羅鳩䭾迦旃延尼揵
陀若提子等是汝之師因其出家彼師所墮
汝亦隨墮乃可取食若須菩提入諸邪見不到
彼岸住於八難不得無難同於煩惱離清淨
法汝得無諍三昧一切衆生亦得是定其施
汝者不名福田供養汝者墮三惡道爲與衆
魔共一手作諸勞侶汝與衆魔及諸塵勞等
無有異於一切衆生而有怨心謗諸佛毀於
法不入衆數終不得滅度汝若如是乃可取

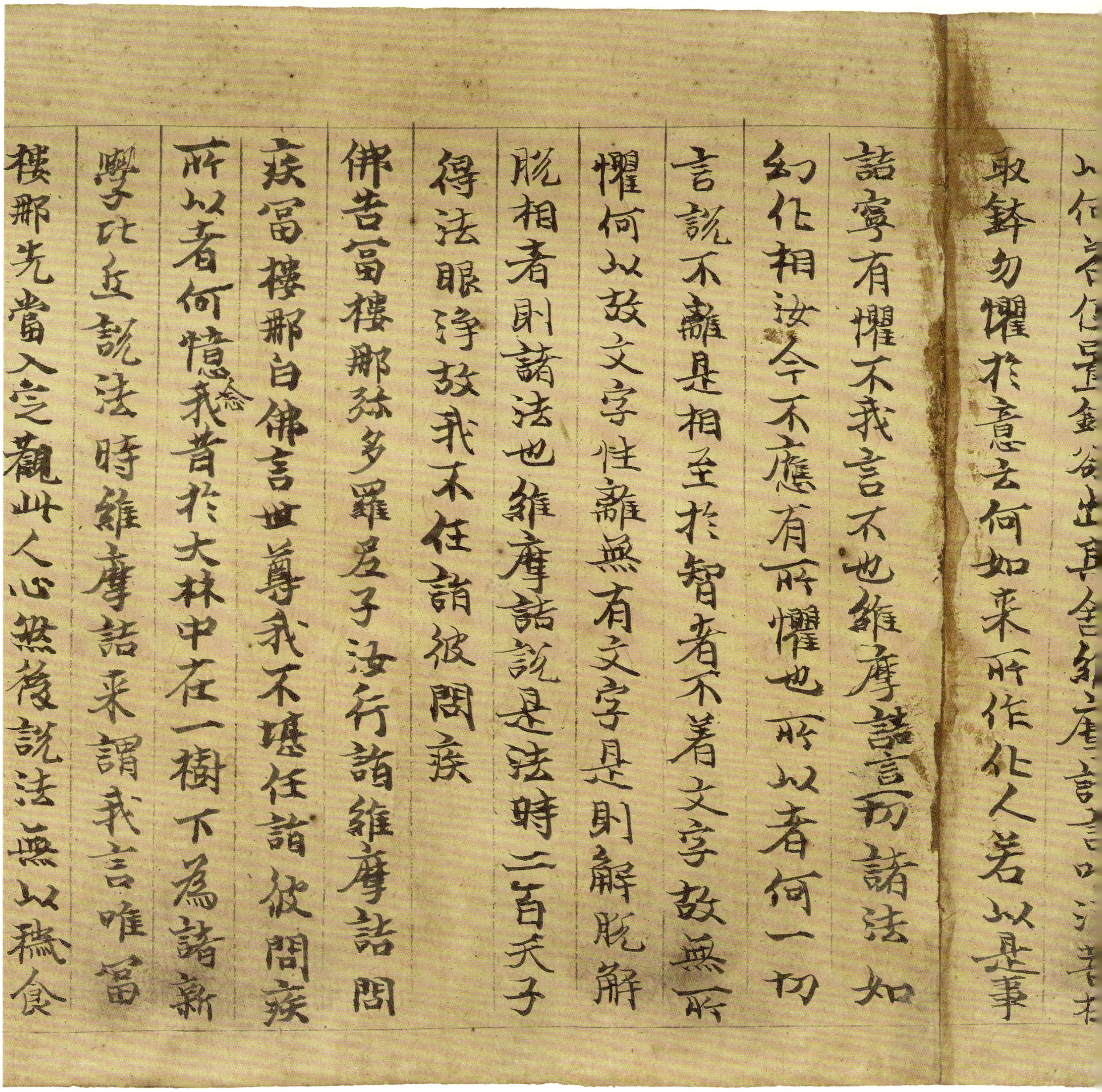

以何答便置鉢欲出其舍維摩詰言唯須菩提
取鉢勿懼於意云何如來所作化人若以是事
詰寧有懼不我言不也維摩詰言一切諸法如
幻化相汝今不應有所懼也所以者何一切
言說不離是相至於智者不著文字故無所
懼何以故文字性離無有文字是則解脫解
脫相者則諸法也維摩詰說是法時二百天子
得法眼淨故我不任詣彼問疾
佛告富樓那彌多羅尼子汝行詣維摩詰問
疾富樓那白佛言世尊我不堪任詣彼問疾
所以者何憶念我昔於大林中在一樹下為諸新
學比丘說法時維摩詰來謂我言唯富
樓那先當入定觀此人心然後說法無以穢食

BD00910　維摩詰所說經卷上

學比丘說法時維摩詰來謂言唯富
樓那先當入定觀此人心然後說法無以穢食
置於寶器當知是比丘心之所念無以流璃
同彼水精汝不能知衆生根原無得發起以小
乘法彼自無瘡勿傷之也欲行大道莫示小
徑無以大海內於牛跡無以日光等彼螢火富
樓那此比丘久發大乘心中忘此意
汝何以小乘法而教導之我觀小乘智慧微淺
猶如盲人不能分別一切衆生之根利鈍時
維摩詰即入三昧令此比丘自識宿命曾於五
佛所殖衆德本迴向阿耨多羅三藐三菩提
即時豁然還得本心於是諸比丘稽首禮
維摩詰足時維摩詰因爲說法於阿耨多羅
三藐三菩提不復退轉我念聲聞不觀人根

佛告摩訶迦旃延汝行詣維摩詰問疾迦旃延
白佛言世尊我不堪任詣彼問疾所以者何憶
念昔者佛爲諸比丘略說法要我即於後敷演
其義謂無常義苦義空義無我義寂滅義
時維摩詰來謂我言唯迦旃延無以生滅心
行說實相法迦旃延諸法畢竟不生不滅是無
常義五受陰通達空無所起是苦義諸法
究竟無所有是空義於我無我而不二是無我
義法本不然今則無滅是寂滅義說是法時
彼諸比丘心得解脫故我不任詣彼問疾
佛告阿那律汝行詣維摩詰問疾阿那律白
佛言世尊我不堪任詣彼問疾所以者何憶念
我昔於一處經行時有梵王名曰嚴淨與万梵

佛言世尊我不堪任詣彼問疾所以者何憶念
我昔於一處經行時有梵王名曰嚴淨與万梵
俱放淨光明来詣我所稽首作礼問我言幾
何阿那律天眼所見我即答言仁者吾見
此釋迦牟尼佛土三千大千世界如觀掌中菴
摩勒菓時維摩詰来謂我言唯阿那律天眼
所見為作相耶無作相耶假使作相則與外道
五通等若無作相即是無為不應有見世尊我
時默然彼諸梵聞其言得未曾有即為作礼
而問曰世孰有真天眼者維摩詰言有佛世
尊得真天眼常在三昧悉見諸佛國不以二相
於是嚴淨梵王及其眷屬五百梵天皆發阿
耨多羅三藐三菩提心礼維摩詰足已忽然
不見故我不任詣彼問疾

佛告優波離汝行詣維摩詰問疾優波離白
佛言世尊我不堪任詣彼問疾所以者何憶念
昔者有二比丘犯律行以為恥不敢問佛來
問我言唯優波離我等犯律誠以為恥不敢
問佛願解疑悔得免斯咎我即為其如法解
說時維摩詰來謂我言唯優波離无重增此
二比丘罪當直除滅勿擾其心所以者何彼
罪性不在內不在外不在中間如佛所說心垢
故眾生垢心淨故眾生淨心亦不在內不在外
不在中間如其心然罪垢亦然諸法亦然不出
於如如優波離以心相得解脫時寧有垢不
我言不也維摩詰言一切眾生心相無垢亦復
如是唯優波離妄想是垢無妄想是淨顛倒
是垢無顛倒是淨取我是垢不取我是淨優

BD00910　維摩詰所説經卷上

如是唯優波離妄想是垢無妄想是淨顛倒
是垢無顛倒是淨取我是垢不取我是淨優
波離一切法生滅不住如幻如電諸法不相待
乃至一念不住諸法皆妄見如夢如炎如水
中月如鏡中像以妄想生其知此者是名奉律
其知此者是名善解於是二比丘言上智哉
是優波離所不及持律之上而不能說我荅
言自捨如來未有聲聞及菩薩能制其樂
說之辯其智慧明達為若此也時二比丘疑悔
即除發阿耨多羅三藐三菩提心作是願言
令一切眾生皆得是辯故我不任詣彼問疾
佛告羅睺羅汝行詣維摩詰問疾羅睺羅白
佛言世尊我不堪任詣彼問疾所以者何憶

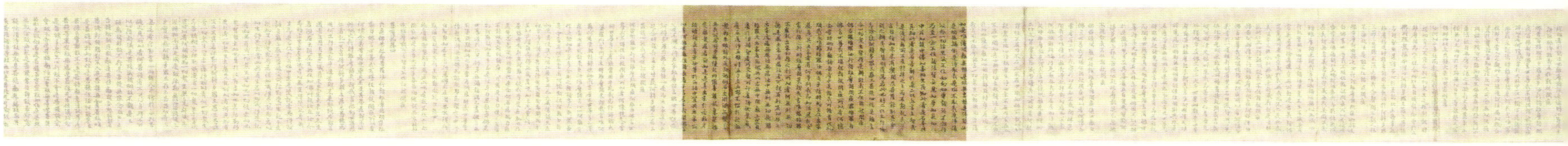

[illegible]
為道其出家者有何等利我即如法為說出
家功德之利時維摩詰來謂我言唯羅睺羅
不應說出家功德之利所以者何無利無功
德是為出家有為法者可說有利有功德夫
出家者為無為法無為法中無利無功德羅
睺羅夫出家者無彼無此亦無中間離六十二見
處於涅槃智者所受聖所行處降伏衆魔
度五道淨五眼得五力立五根不惱於彼離
衆雜惡摧諸外道超越假名出淤泥無繫著
無我所無所受無擾亂內懷喜護彼意隨禪
定離衆過若能如是是真出家於是維摩
詰語諸長者子汝等於正法中宜共出家所
以者何佛世難值諸長者子言居士我聞佛言

BD00910　維摩詰所説經卷上

詰語諸長者子汝於正法中宜共出家所
以者何佛世難值諸長者子言居士我聞佛言
父母不聽不得出家維摩詰言然汝等便發
阿耨多羅三藐三菩提心是即出家是即具
足尒時諸長者子皆發阿耨多羅三藐三
菩提心故我不任詣彼問疾
佛告阿難汝行詣維摩詰問疾阿難白佛言世
尊我不堪任詣彼問疾所以者何憶念昔
時世尊身小有疾當用牛乳我即持鉢詣大
婆羅門家門下立時維摩詰來謂我言唯阿
難何爲晨朝持鉢住此我言居士世尊身小有
疾當用牛乳故來至此維摩詰言止止阿難莫
作是語如來身者金剛之體諸惡已斷衆善
普會當有何疾當有何惱默往阿難勿謗

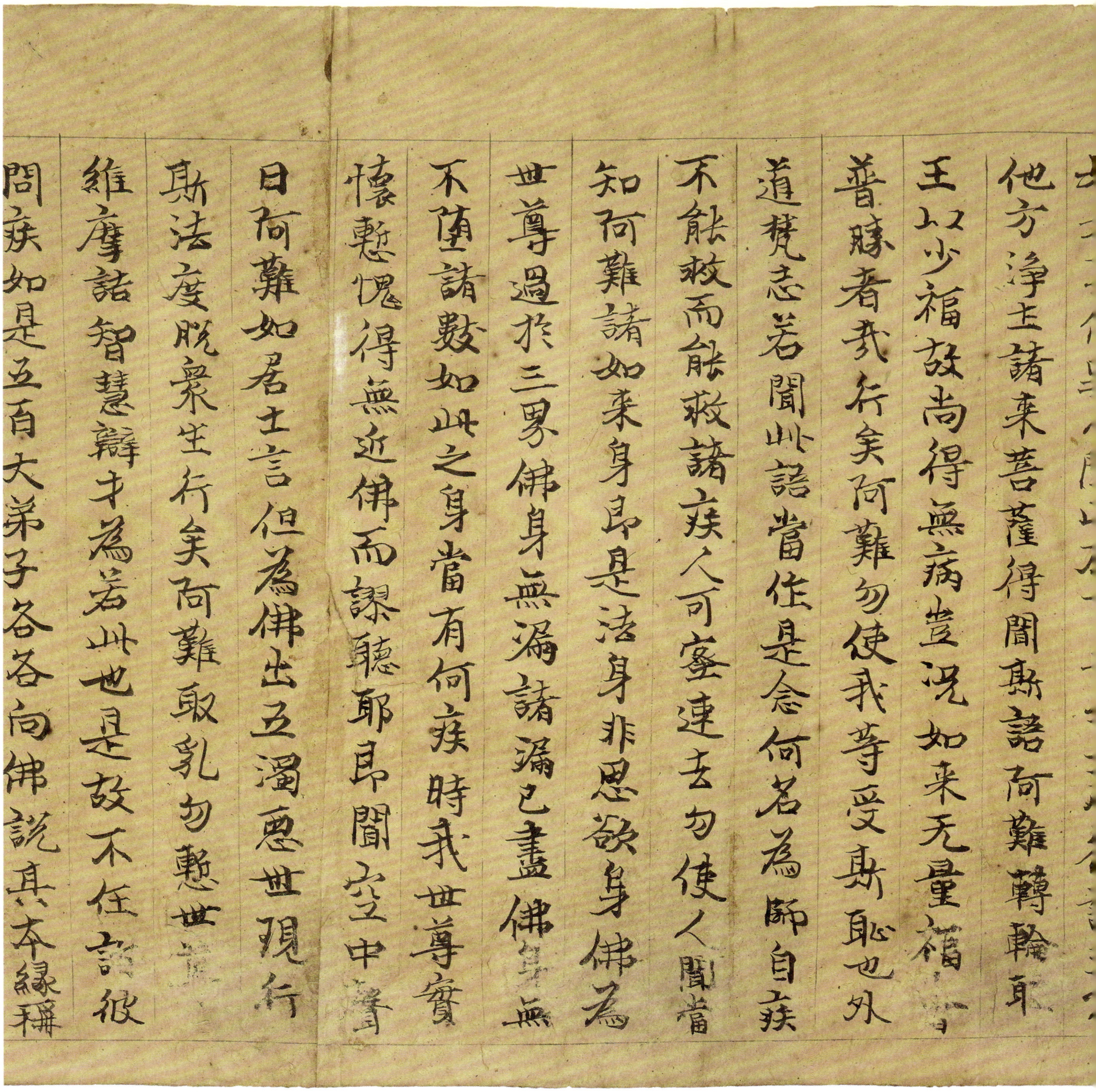

他方淨土諸來菩薩得聞斯語阿難轉輪聖
王以少福故尚得無病豈況如來无量福會
普勝者哉行矣阿難勿使我等受斯恥也外
道梵志若聞此語當作是念何名為師自疾
不能救而能救諸疾人可密速去勿使人聞當
知阿難諸如來身即是法身非思欲身佛為
世尊過於三界佛身無漏諸漏已盡佛身無
為不墮諸數如此之身當有何疾時我世尊實
懷慙愧得無近佛而謬聽耶即聞空中聲
曰阿難如居士言但為佛出五濁惡世現行
斯法度脫衆生行矣阿難取乳勿慙世尊
維摩詰智慧辯才為若此也是故不任詣彼
問疾如是五百大弟子各各向佛說其本緣稱

BD00910　維摩詰所說經卷上

維摩詰智慧辯才爲若此也是故不任詣彼
問疾如是五百大弟子各各向佛說其本緣稱
述維摩詰所言皆曰不任詣彼問疾

菩薩品第四

於是佛告彌勒菩薩汝行詣維摩詰問疾彌
勒白佛言世尊我不堪任詣彼問疾所以者
何憶念我昔爲兜率天王及其眷屬說不退
轉地之行時維摩詰來謂我言彌勒世尊授
仁者記一生當得阿耨多羅三藐三菩提爲
用何生得受記乎過去耶未來耶現在耶若
過去生過去生已滅若未來生未來生未至
若現在生現在生無住如佛所說比丘汝今
即時亦生亦老亦滅若以無生得受記者無

從如生得受記耶爲從如滅得受記耶若以
如生得受記者如無有生若以如滅得受記
者如無有滅一切衆生皆如也一切法亦如也
衆賢聖亦如也至於弥勒亦如也若弥勒得
受記者一切衆生亦應受記所以者何夫如者
不二不異若弥勒得阿耨多羅三藐三菩提
者一切衆生皆亦應得所以者何一切衆生
即菩提相若弥勒滅度者一切衆生亦當滅
度所以者何諸佛知一切衆生畢竟寂滅即
涅槃相不復更滅是故弥勒無以此法誘諸天
子實無發阿耨多羅三藐三菩提心者亦
無退者弥勒當令此諸天子捨於分別菩

無退者弥勒當令此諸天子捨於分别菩
提之見所以者何菩提者不可以身得不可
以心得寂滅是菩提滅諸相故不觀是菩
提離諸緣故不行是菩提無憶念故斷是
菩提捨諸見故離是菩提離諸妄想故鄣是
菩提鄣諸願故不入是菩提無貪著故順
是菩提順於如故住是菩提住法性故至是
菩提至實際故不二是菩提離意法故等是
菩提等虛空故無為是菩提无生住滅故知
是菩提了衆生心行故不會是菩提諸入不
會故不合是菩提離煩惱習故無處是菩提
無形色故假名是菩提名字空故如化是菩提

[illegible]
是菩提諸法等故無比是菩提无可喻故微
妙是菩提諸法難知故世尊維摩詰說是法
時二百天子得無生法忍故我不任詣彼問疾
佛告光嚴童子汝行詣維摩詰問疾光嚴白
佛言世尊我不堪任詣彼問疾所以者何憶念
我昔出毗耶離大城時維摩詰方入城我即
為作禮而問言居士從何所來荅我言吾從道場
來我問道場者何所是荅曰直心是道場
無虛假故發行是道場能辯事故深心是道
場增益功德故菩提心是道場無錯謬故布
施是道場不望報故持戒是道場得願
具故忍辱是道場於諸衆生心無导故精進
是道場不懈退故禪定是道場心調柔故智慧

是道塲不懈退故禪定是道塲心調柔故智慧
是道塲現見諸法故慈是道塲等衆生故
悲是道塲忍疲苦故喜是道塲悅樂法故捨
是道塲憎愛斷故神通是道塲成就六通故
解脫是道塲能背捨故方便是道塲教化
衆生故四攝是道塲攝衆生故多聞是道
塲如聞行故伏心是道塲正觀諸法故三十七
品是道塲捨有爲法故諦是道塲不誑世間
故緣起是道塲無明乃至老死皆無盡故諸
煩惱是道塲知如實故衆生是道塲知無我
故一切法是道塲知諸法空故降魔是道塲
不傾動故三界是道塲無所趣故師子吼是

道場成就一切智故如是善男子菩薩若
應諸波羅蜜教化衆生諸有所作舉足下
足當知皆從道場來住於佛法矣說是法
時五百天人皆發阿耨多羅三藐三菩提心
故我不任詣彼問疾
佛告持世菩薩汝行詣維摩詰問疾持世白
佛言世尊我不堪任詣彼問疾所以者何憶
念我昔住於靜室時魔波旬從万二千天女
狀如帝釋鼓樂絃歌來詣我所與其眷屬
稽首我足合掌恭敬於一面立我意謂是
帝釋而語之言善來憍尸迦雖福應有不當
自恣當觀五欲無常以求善本於身命財而

[illegible]
自恣當觀五欲無常以求善本於身命財而
脩堅法即語我言正士受是万二千天女可備
掃灑我言憍尸迦無以此非法之物要我沙
門釋子此非我宜所言未訖時維摩詰来謂
我言非帝釋也是為魔来嬈固汝耳即語
魔言是諸女等可以與我如我應受魔即驚
懼念維摩詰將無惱我欲隱形去而不能隱盡
其神力亦不得去即聞空中聲曰波旬以女與
之乃可得去魔以畏故俛仰而與尒時維摩詰
語諸女言魔以汝等與我今汝皆當發阿耨多
羅三藐三菩提心即隨所應而為說法令發
道意復言汝等已發道意有法樂可以自
娛不應復樂五欲樂也天女即問何謂法

離五欲樂觀五陰如怨賊樂觀四大如毒蛇樂
觀內入如空聚樂隨護道意樂饒益衆生
樂敬供養師樂行布施樂堅持戒樂忍辱
柔和樂勤集善根樂禪定不亂樂離垢明
慧樂廣菩提心樂降伏衆魔樂斷諸煩惱
樂淨佛國土樂成就相好故脩諸功德樂莊嚴
道場樂聞深法不畏樂三脫門不樂非時樂近同
學樂於非同學中心無恚閡樂將護惡知識
樂近善知識樂心喜清淨樂脩无量道品之法
是為菩薩法樂於是波旬告諸女言我欲
汝俱還天宮諸女言以我等與此居士有法
樂我等甚樂不復樂五欲樂也魔言居士
可舍此女一切所有施於彼者是為菩薩

樂我等甚樂不復樂五欲樂也魔言居士
可捨此女一切所有施於彼者是爲菩薩維
摩詰言我以捨矣汝便將去令一切衆生得
法願具足於是諸女問維摩詰我等云何止
於魔宮維摩詰言諸姊有法門名無盡燈汝
等當學無盡燈者譬如一燈燃百千燈冥者
皆明明終不盡如是諸姊夫一菩薩開道百
千衆生令發阿耨多羅三藐三菩提心於
其道意亦不滅盡隨所說法而自增益一切
善法是名無盡燈也汝等雖住魔宮以是無
盡燈令無數天子天女皆發阿耨多羅三藐三
菩提心者爲報佛恩亦大饒益一切衆生

我不任詣彼問疾
佛告長者子善得汝行詣維摩詰問疾善得白
佛言世尊我不堪任詣彼問疾所以者何憶念
我昔自於父舍設大會供養一切沙門婆羅門及
諸外道貧窮下賤孤獨乞人期滿七日時
維摩詰來入會中謂我言長者子夫大施會
不當如汝所設當為法施之會何用是財施
會為我言居士何謂法施之會法施會者無
前無後一時供養一切衆生是名法施之會
曰何謂也謂以菩提起於慈心以救衆生起
大悲心以持正法起於喜心以攝智慧行於
捨心以攝慳貪起檀波羅蜜以化犯戒起
尸波羅蜜以無我法起羼提波羅蜜以離

捨心以捨慳貪起於檀波羅蜜以化犯戒起
尸波羅蜜以無我法起羼提波羅蜜以離
身心相起毗梨耶波羅蜜菩提相起禪波羅
蜜以一切智起般若波羅蜜教化衆生而
起於空不捨有爲法而起無相示現受生
而起無作護持正法起方便力以度衆生起
四攝法以敬事一切起除慢法於身命財起
三堅法於六念中起思念法於六和敬起質
直心正行善法起於淨命心淨歡喜起近
賢聖不憎惡人起調伏心以出家法起於深
心以如說行起於多聞以無諍法起空閑處趣
向佛慧起於宴坐解衆生縛起脩行地以具
相好及淨佛土起福德業知一切衆生心念
[illegible]

切不善法起一切善業以得一切智慧一切
善法起於一切助佛道法如是善男子是爲
法施之會若菩薩住是法施會者爲大施
主亦爲一切世間福田世尊維摩詰說是法時
婆羅門衆中二百人皆發阿耨多羅三藐三
菩提心我時心得清淨歎未曾有稽首礼維
摩詰足即解瓔珞價直百千以上之不肯取
我言居士願必納受隨意所與維摩詰乃受
瓔珞分作二分持一分施此會中一最下乞人
持一分奉彼難勝如來一切衆會皆見光
明國土難勝如來又見珠瓔在彼佛上變
成四柱寶臺四面嚴飾不相鄣蔽時維摩詰
現神通變已作是言若施主等心施一最下乞

成四柱寶臺四面嚴飾不相鄣蔽時維摩詰
現神通變已作是言若施主等心施一最下乞
人猶如如來福田之相無所分別等于大悲
不求果報是則名曰具足法施城中一最下乞
人見是神力聞其所說即發阿耨多羅三藐
三菩提心故我不任詣彼問疾如是諸菩
薩各各向佛說其本緣稱述維摩詰所
言皆曰不任詣彼問疾

維摩詰經卷第一

BD00910　維摩詰所説經卷上

BD00911 妙法蓮華經（八卷本）卷八

（後秦）鳩摩羅什 譯

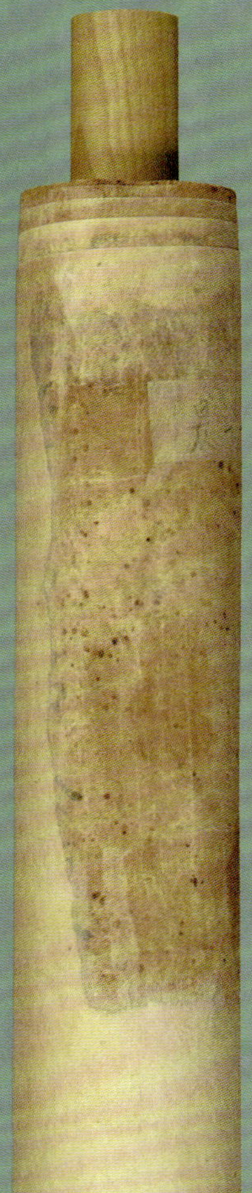

504cm × 26.5cm

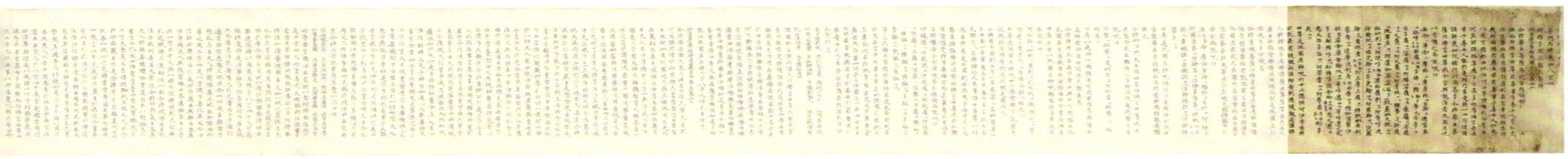

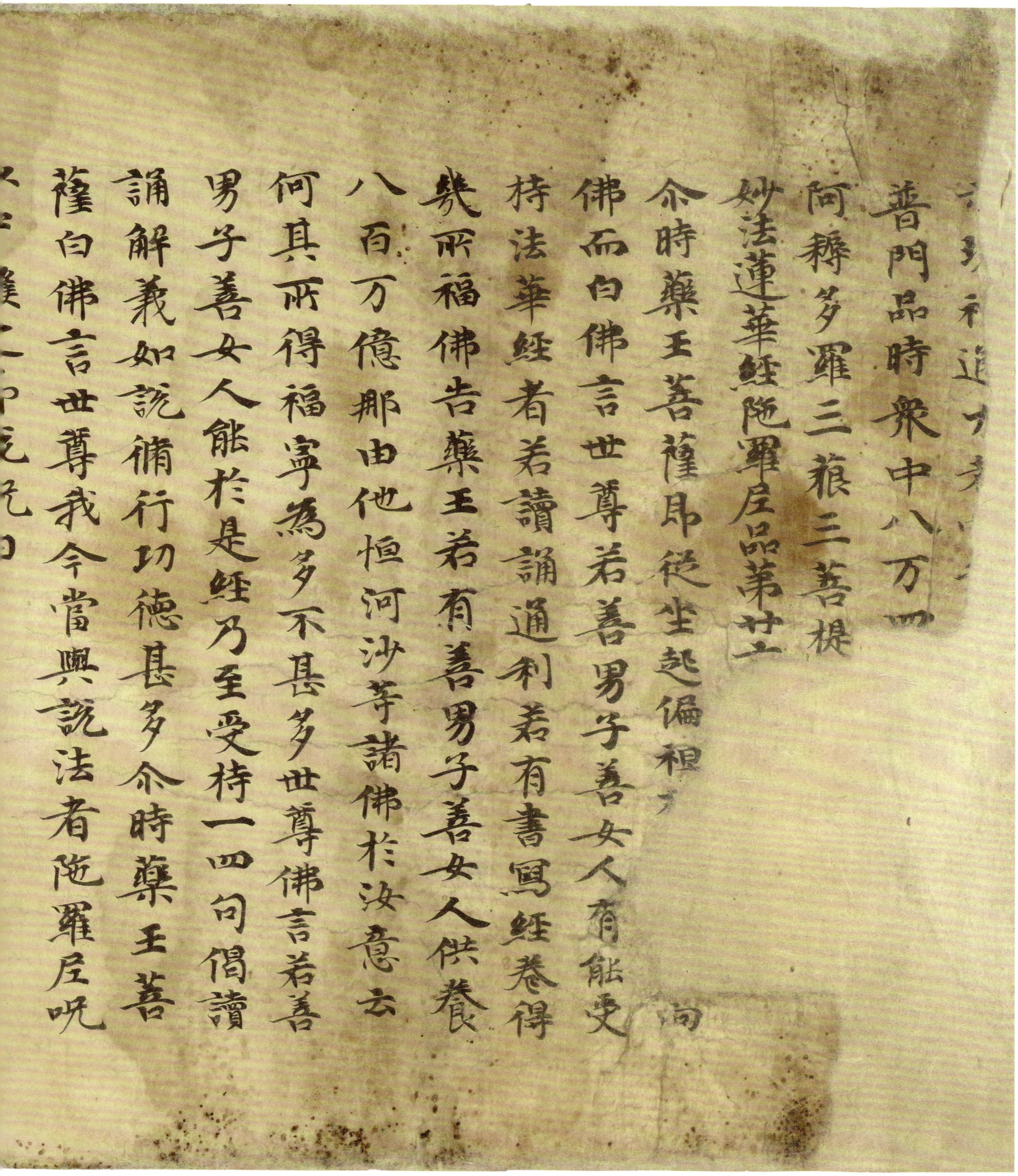

示現神通力者
普門品時衆中八万四
阿耨多羅三藐三菩提
妙法蓮華經陀羅尼品第廿六
尒時藥王菩薩即從坐起偏袒右　向
佛而白佛言世尊若善男子善女人有能受
持法華經者若讀誦通利若有書寫經卷得
幾所福佛告藥王若有善男子善女人供養
八百万億那由他恒河沙等諸佛於汝意云
何其所得福寧為多不甚多世尊佛言若善
男子善女人能於是經乃至受持一四句偈讀
誦解義如說脩行功德甚多尒時藥王菩
薩白佛言世尊我今當與說法者陀羅尼呪
以守護之即說呪曰

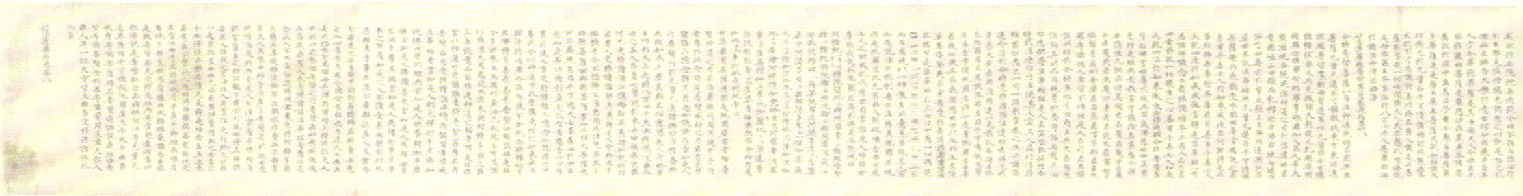

六賖咩七音羊鳴反賖履囙雉反多瑋八羶輸千反帝九目帝十
目多履十一娑履十二阿瑋娑履十三桒履十四娑履
十五叉裔十六阿叉裔十七阿耆膩十八羶帝十九賖履
廿隨羅尸廿一阿盧伽婆娑蘇奈反簸蔗毗叉膩廿二
祢毗剃廿三阿便哆都餓反邏祢履剃廿四阿亶哆波
隸輸地廿五漚究隸廿六牟究隸廿七阿羅隸廿八波羅
隸廿九首迦差卅音初机反阿三摩三履卅一佛䭾毗吉利
裘帝卅二達摩波利差猜離反帝卅三僧伽涅瞿沙
祢卅四婆舍婆舍輸地卅五曼哆邏卅六曼哆邏叉夜
多卅七郵樓哆卅八郵樓哆憍舍略卅九音盧蔗反惡叉邏卌
惡叉冶多冶卌一阿婆盧卌二阿摩若音荏蔗反那多
夜卌三
世尊是陁羅尼神呪六十二億恒河沙等諸佛
所說若有侵毀此法師者則為侵毀是諸佛

BD00911　妙法蓮華經（八卷本）卷八

世尊是陁羅尼神呪六十二億恒河沙等諸佛
所說若有侵毀此法師者則為侵毀是諸佛
已時釋迦牟尼佛讚藥王菩薩言善哉善哉
藥王汝愍念擁護此法師故說是陁羅尼於
諸衆生多所饒益
尒時勇施菩薩白佛言世尊我亦為擁護讀
誦受持法華經者說陁羅尼若此法師得是
陁羅尼若夜叉若羅刹若富單那若吉蔗若
鳩槃荼若餓鬼等伺求其短无能得便即於
佛前而說呪曰
痤誓蚤反隸一摩訶痤隸二郁枳三目枳四阿隸五
阿羅婆第六涅隸第七涅隸多婆第八伊緻猪履音反
柅九韋緻柅十旨緻柅十一涅隸墀柅十二涅隸墀
婆底十三

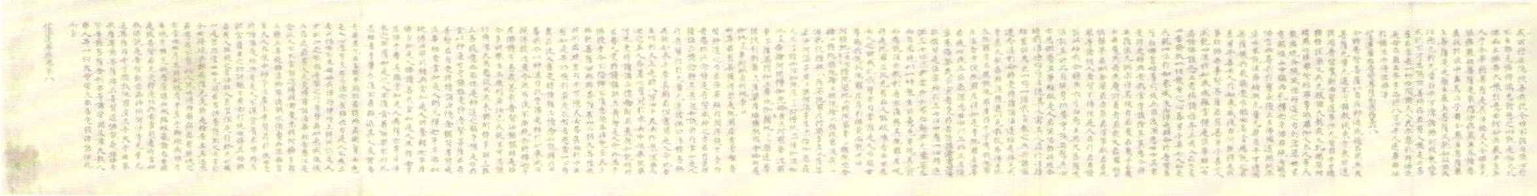

皆隨喜禮拜供養此法師者
佛已
尒時毗沙門天王護世者白佛言世尊我亦
為愍念衆生擁護此法師故說是陁羅尼即
說咒曰
阿梨一那梨二㝹那梨三阿那盧四那履五拘
那履六
世尊以是神咒擁護法師我亦自當擁護持
是經者令百由旬内无諸衰患
尒時持國天王在此會中與千万億那由他
乹闥婆衆恭敬圍繞前詣佛所合掌白佛言
世尊我亦以陁羅尼神咒擁護持法華經者
即說咒曰
阿伽祢一伽祢二瞿利三乹陁利四旃陁利五摩
登耆六常求利七浮樓莎柅八頞底九

BD00911　妙法蓮華經（八卷本）卷八

阿伽祢一伽祢二瞿利三乾陀利四旃陀利五摩
蹬耆六常求利七浮樓莎柅八頞底九
世尊是阿羅尼神呪卌二億諸佛所說若有
侵毀此法師者則為侵毀是諸佛已
尒時有十羅剎女等一名藍婆二名毗藍婆三
名曲齒四名華齒五名黑齒六名多髮七名
无猒足八名持瓔珞九名睪諦十名奪一切
眾生精氣是十羅剎女與鬼子母并其子及
眷屬俱詣佛所同聲白佛言世尊我亦欲擁
護讀誦受持法華經者除其衰患若有伺求
法師短者令不得便即於佛前而說呪曰
伊提履一伊提泯二伊提履三阿提履四伊提履
五泥履六泥履七泥履八泥履九泥履十樓醯十
一樓醯十二樓醯十三樓醯十四多醯十五多醯十六
醯十七兜醯十八兜醯十九

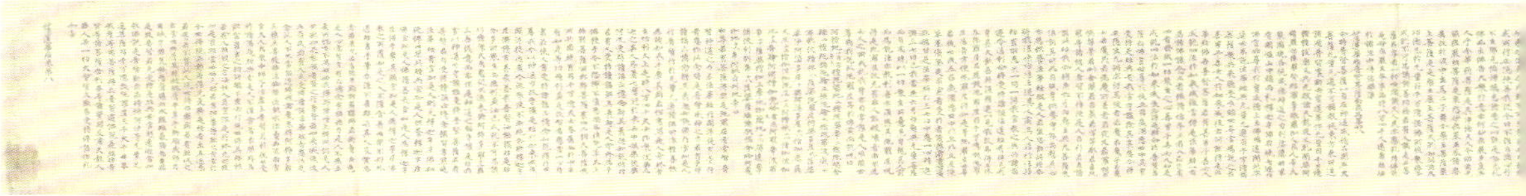

寧上我頭上莫惱於法師若夜叉若羅剎若
餓鬼若富單那若吉蔗若毗陀羅若揵馱若
烏摩勒伽若阿跋摩羅若夜叉吉蔗若人吉
蔗若熱病若一日若二日若三日若四日若至
七日若常熱病若男形若女形若童男形
若童女形乃至夢中亦復莫惱即於佛前
而說偈言

若不順我呪　惱亂說法者　頭破作七分　如阿梨樹枝
如殺父母罪　亦如押油殃　斗稱欺誑人　調達破僧罪
犯此法師者　當獲如是殃

諸羅剎女說此偈已白佛言世尊我等亦當
身自擁護受持讀誦修行是經者令得安隱
離諸衰患消眾毒藥佛告諸羅剎女善哉善
哉汝等但能擁護受持法華名者福不可量
何況擁護具足受持供養經卷華香瓔珞末

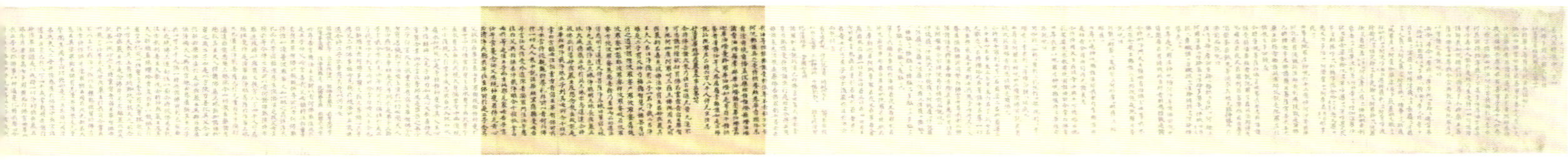

哉汝等但能擁護受持法華名者福不可量
何况擁護具足受持供養經卷華香瓔珞抹
香塗香燒香幡蓋伎樂燃種種燈蘇燈油燈
諸香油燈蘇摩那華油燈瞻蔔華油燈婆師
迦華油燈優鉢羅華油燈如是等百千種供
養者睪諦汝等及眷屬應當擁護如是法師
說此陁羅尼品時六万八千人得无生法忍

妙法蓮華經妙莊嚴王本事品第廿七

尒時佛告諸大衆乃往古世過无量无邊不
可思議阿僧祇劫有佛名雲雷音宿王華智
多陁阿伽度阿羅呵三藐三佛陁國名光明
莊嚴劫名喜見彼佛法中有王名妙莊嚴其
王夫人名曰淨德有二子一名淨藏二名淨
眼是二子有大神力福德智慧久脩菩薩所
行之道所謂檀波羅蜜尸羅波羅蜜羼提

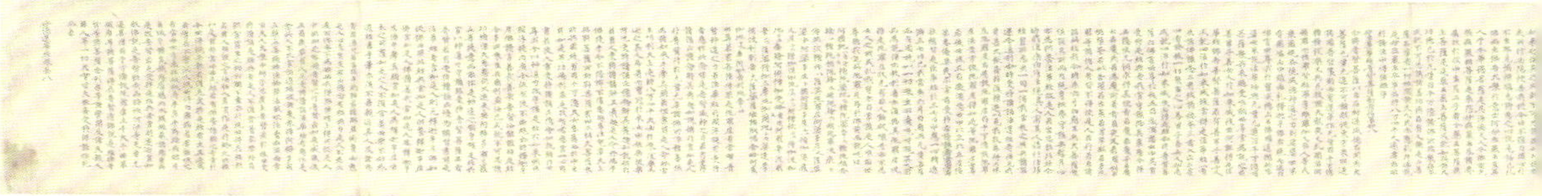

波羅蜜毗梨耶波羅蜜禪波羅蜜般若波羅
蜜方便波羅蜜慈悲喜捨乃至卅七品助道法
皆悉明了通達又得菩薩淨三昧日星宿三昧
淨光三昧淨色三昧淨照明三昧長莊嚴三
昧大威德藏三昧於此三昧亦悉通達尒時
彼佛欲引導妙莊嚴王及愍念衆生故說是
法華經時淨藏淨眼二子到其母所合十指爪
掌白言願母往詣雲雷音宿王華智佛所我
等亦當侍從親覲供養禮拜所以者何此佛
於一切天人衆中說法華經宜應聽受母告
子言汝父信受外道深著婆羅門法汝等應
往白父與共俱去淨藏淨眼合十指爪掌白
母我等是法王子而生此邪見家母告子言
汝等當憂念汝父為現神變若得見者心
必清淨或聽我等往至佛所於是二子念其

汝等當憂念汝父為現神變若得見者心
必清淨或聽我等往至佛所於是二子念其
父故踊在虛空高七多羅樹現種種神變於
虛空中行住坐卧身上出水身下出火身下
出水身上出火或現大身滿虛空中而復現
小小復現大於空中滅忽然在地入地如水
履水如地現如是等種種神變令其父王心
淨信解時父見子神力如是心大歡喜得未
曾有合掌向子言汝等師為是誰誰之弟子
二子白言大王彼雲雷音宿王華智佛今在
七寶菩提樹下法坐上坐於一切世間天人
衆中廣說法華經是我等師我是弟子父語
子言我今亦欲見汝等師可共俱往於是二
子從空中下到其母所合掌白母父王今已
信解堪任發阿耨多羅三藐三菩提心我等

等為父已作佛事願母見聽於彼佛所出家修
道尒時二子欲重宣其意以偈白母
願母放我等　出家作沙門　諸佛甚難值　我等隨佛學
如優曇波羅　值佛復難是　脫諸難亦難　願聽我出家
母即告言聽汝出家所以者何佛難值故於
是二子白父母言善哉父母願時往詣雲雷
音宿王華智佛所親覲供養所以者何佛難
得值如優曇波羅華又如一眼之龜值浮木
孔而我等宿福深厚生值佛法是故父母當
聽我等令得出家所以者何諸佛難值時亦
難遇彼時妙莊嚴王後宮八万四千人皆悉
堪任受持是法華經淨眼菩薩於法華三昧
久已通達淨藏菩薩已於无量百千万億劫
通達離諸惡趣三昧欲令一切衆生離諸惡
趣故其王夫人得諸佛集三昧能知諸佛秘

BD00911　妙法蓮華經（八卷本）卷八

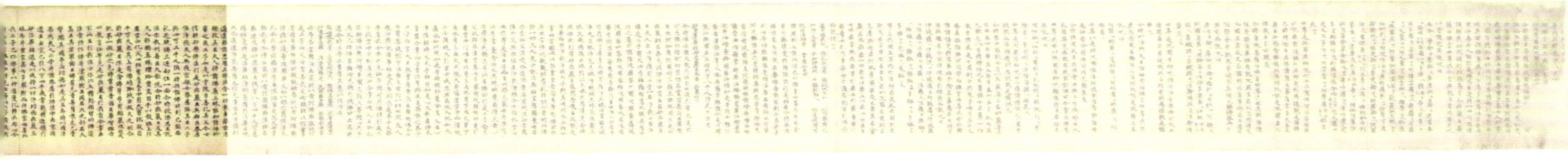

通達離諸惡趣三昧欲令一切衆生離諸惡
趣故其王夫人得諸佛集三昧能知諸佛秘
密之藏二子如是以方便力善化其父令心
信解好樂佛法於是妙莊嚴王與群臣眷屬
俱淨德夫人與後宮婇女眷屬俱其王二子
與四万二千人俱一時共詣佛所到已頭面
礼足遶佛三帀却住一面尒時彼佛為王説
法示教利喜王大歡悦尒時妙莊嚴王及其
夫人解頸真珠瓔珞價直百千以散佛上於
虚空中化成四柱寶臺臺中有大寶牀敷百
千万天衣其上有佛結加趺坐放大光明尒
時妙莊嚴王作是念佛身希有端嚴殊特成
就第一微妙之色時雲雷音宿王華智佛告
四衆言汝等見是妙莊嚴王於我前合掌立
不此王於我法中作比丘精懃修習助佛道

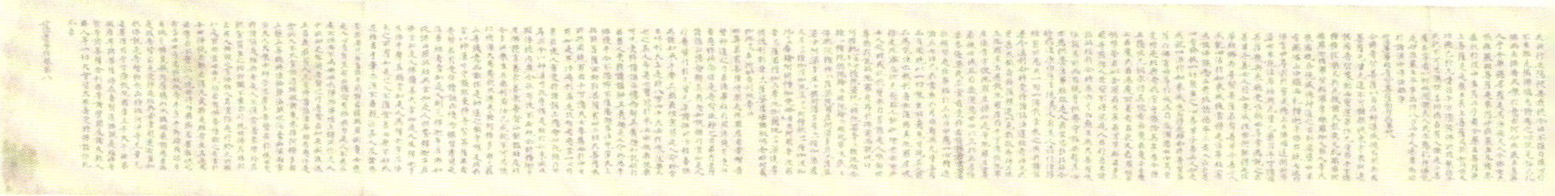

[illegible]
高王其娑羅樹王佛有无量菩薩衆及无量
聲聞其國平正功德如是其王即時以國付
弟與夫人二子并諸眷屬於佛法中出家脩
道王出家已於八万四千歲常懃精進脩行
妙法華經過是以後得一切淨功德莊嚴三
昧即昇虛空高七多羅樹而白佛言世尊此
我二子已作佛事以神通變化轉我邪心令
得安住於佛法中得見世尊此二子者是我
善知識為欲發起宿世善根饒益我故來生
我家尒時雲雷音宿王華智佛告妙莊嚴王
言如是如是如汝所言若善男子善女人種
善根故世世得善知識其善知識能作佛事
示教利喜令入阿耨多羅三藐三菩提大王
當知善知識者是大因緣所謂化導令得見

BD00911　妙法蓮華經（八卷本）卷八

亦教利喜令入阿耨多羅三藐三菩提大王
當知善知識者是大因緣所謂化導令得見
佛發阿耨多羅三藐三菩提心大王汝見此
二子不此二子已曾供養六十五百千万億
那由他恒河沙諸佛親近恭敬於諸佛所受
持法華經愍念邪見衆生令住正見妙莊嚴王
即從虛空中下而白佛言世尊如來甚希有
以功德智慧故頂上肉髻光明顯照其眼長
廣而紺青色眉間毫相白如珂月齒白齊密
常有光明脣色赤好如頻婆菓尒時妙莊嚴
王讚歎佛如是等无量百千万億功德已於
如來前一心合掌復白佛言世尊未曾有也
如來之法具足成就不可思議微妙功德教
戒所行安隱快善我從今日不復自隨心行
不生邪見憍慢瞋恚諸惡之心說是語已禮

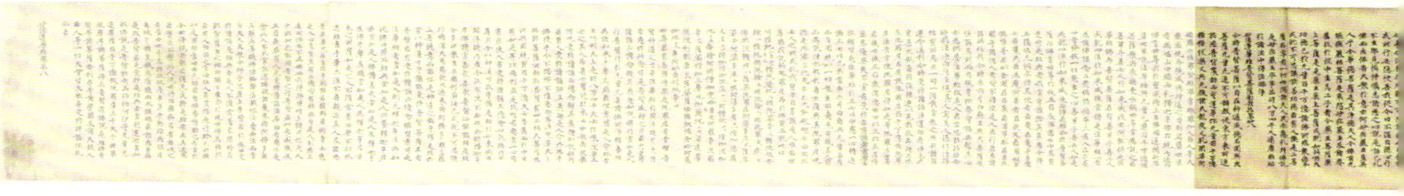

人乎今華德菩薩是其淨德夫人今佛前光
照莊嚴相菩薩是哀愍妙莊嚴王及諸眷
屬故於彼中生其二子者今藥王菩薩藥
上菩薩是是藥王藥上菩薩成就如此諸大
功德已於无量百千万億諸佛所殖衆德本
成就不可思議諸善功德若有人識是二菩
薩名字者一切世間諸天人民亦應礼拜佛說
是妙莊嚴王本事品時八万四千人遠塵離垢
於諸法中得法眼淨

妙法蓮華經普賢菩薩勸發品第廿八

尒時普賢菩薩以自在神通威德名聞與大
菩薩无量无邊不可稱數從東方來所逕
諸國普皆震動雨寶蓮華作无量百千万億
種種伎樂又與无數諸天龍夜叉乾闥婆阿

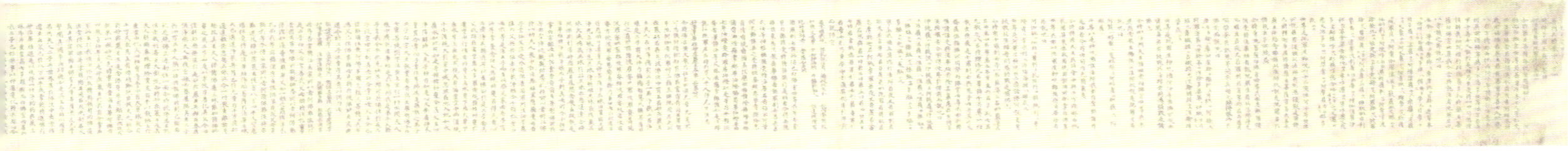

諸國普皆震動雨寶蓮華作无量百千万億
種種伎樂又與无數諸天龍夜叉乾闥婆阿
脩羅迦樓羅緊那羅摩睺羅伽人非人等大
衆圍繞各現威德神通之力到娑婆世界
耆闍崛山中頭面礼釋迦牟佛右繞七匝白
佛言世尊我於寶威德上王佛國遥聞此娑
婆世界說法華經與无量无邊百千万億諸
菩薩衆共來聽受唯願世尊當為說之若
善男子善女人於如來滅後云何能得是法
華經佛告普賢菩薩若有善男子善女人
成就四法於如來滅後當得是法華經一者
為諸佛護念二者殖諸德本三者入正定聚
四者發救一切衆生之心善男子善女人如是
成就四法於如來滅後必得是經尒時普賢菩
薩白佛言世尊於後五百歲濁惡世中其有

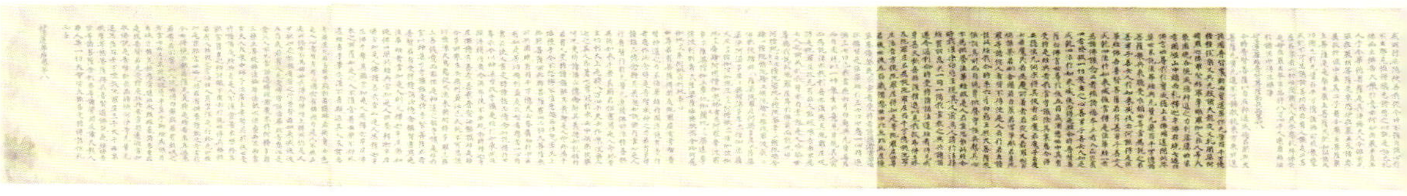

受持是經典者我當守護除其衰患
安隱使无伺求得其便者若魔若魔子若魔
女若魔民若為魔所著者若夜叉若羅剎若
鳩槃茶若毗舍闍若吉蔗若冨單那若韋陁
羅等諸惱人者皆不得便是人若行若立讀
誦此經我尒時乘六牙白象王與大菩薩衆
俱詣其所而自現身供養守護安慰其心
亦為供養法華經故是人若坐思惟此經尒
時我復乘白象王現其人前其人若於法華
經有所忘失一句一偈我當教之與共讀誦
還令通利尒時受持讀誦法華經者得見我
身甚大歡喜轉復精進以見我故即得三昧
及陁羅尼名為旋陁羅尼百千万億旋陁羅
尼法音方便陁羅尼得如是等陁羅尼世尊
若後世後五百歲濁惡世中比丘比丘尼優

尼法音方便陁羅尼得如是等陁羅尼世尊
若後世後五百歲濁惡世中比丘比丘尼優
婆塞優婆夷求索者受持者讀誦者書寫者
欲脩習是法華經於三七日中應一心精進
滿三七日已我當乘六牙白象與无量菩薩
而自圍繞以一切衆生所憙見身現其人前
而為說法示教利喜亦復與其陁羅尼呪
得是陁羅尼故无有非人能破壞者亦不為
女人之所惑亂我身亦自常護是人唯願世
尊聽我說此陁羅尼即於佛前而說呪曰
阿檀地一音途賣反 檀陁婆地二 檀陁婆帝三 檀陁鳩舍
隸四 檀陁脩陁隸五 脩陁隸六 脩陁羅婆底七
佛䭾波羶禰八 薩婆陁羅尼阿婆多尼九 薩婆
婆沙阿婆多尼十 脩阿婆多尼十一 僧伽婆履

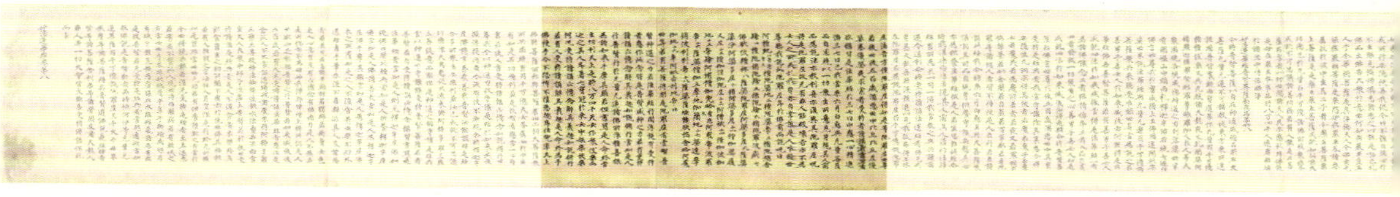

地十三帝隸阿惰僧伽兜略及阿羅帝婆羅
帝十六薩婆僧伽三摩地伽蘭地十七薩婆達摩
脩波利剎帝十八薩婆薩埵樓馱憍舍略阿㝹
伽地十九辛阿毗吉利地帝廿
世尊若有菩薩得聞是陁羅尼者當智普
賢神通之力若法華經行閻浮提有受持
者應作此念皆是普賢威神之力若有受持
讀誦正憶念解其義趣如說脩行當知是人
行普賢行於无量无邊諸佛所深種善根
為諸如來手摩其頭若但書寫是人命終當
生忉利天上是時八万四千天女作衆伎樂而
迎之其人即著七寶冠於婇女中娛樂快樂
何況受持讀誦正憶念解其義趣如說脩行
若有人受持讀誦解其義趣是人命終為千
佛授手令不恐怖不墮惡趣即往兜率天上

若有人受持讀誦解其義趣是人命終為千
佛授手令不恐怖不墮惡趣即往兜率天上
彌勒菩薩所彌勒菩薩有卅二相大菩薩衆
所共圍繞有百千万億天女眷屬而於中生
有如是等功德利益是故智者應當一心自
書若使人書受持讀誦正憶念如說脩行世
尊我今以神通力故守護是經於如來滅後
閻浮提內廣令流布使不斷絶尒時釋迦牟
尼佛讚言善哉善哉普賢汝能護助是經
令多所衆生安樂利益汝已成就不可思議
功德深大慈悲從久遠来發阿耨多羅三藐
三菩提意而能作是神通之願守護是經我
當以神通力守護能受持普賢菩薩名者
普賢若有受持讀誦正憶念脩習書寫是

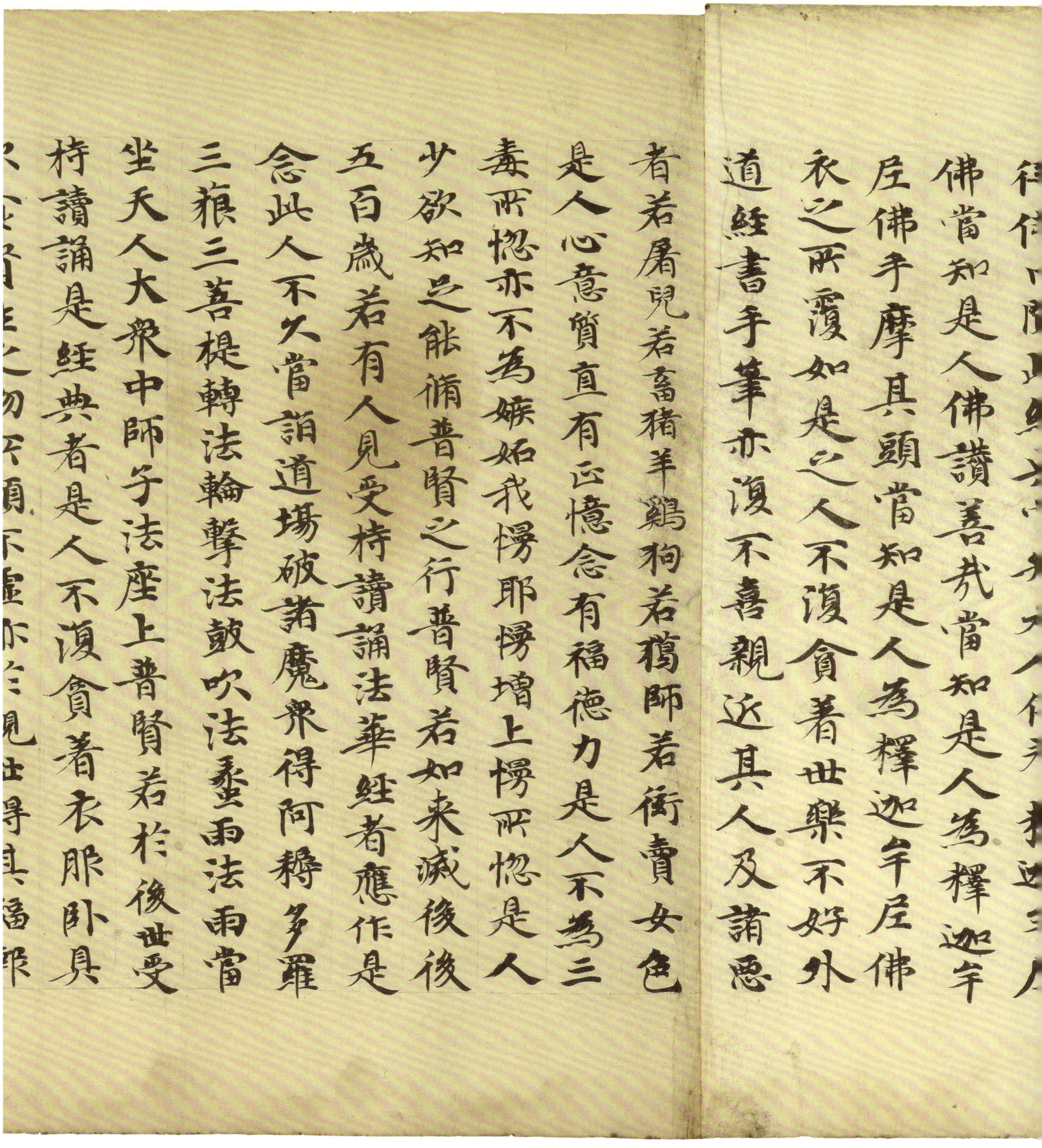

從佛口聞此經典當知是人供養釋迦牟尼
佛當知是人佛讚善哉當知是人為釋迦牟
尼佛手摩其頭當知是人為釋迦牟尼佛
衣之所覆如是之人不復貪著世樂不好外
道經書手筆亦復不喜親近其人及諸惡
者若屠兒若畜豬羊雞狗若獵師若衒賣女色
是人心意質直有正憶念有福德力是人不為三
毒所惱亦不為嫉妬我慢邪慢增上慢所惱是人
少欲知足能修普賢之行普賢若如來滅後後
五百歲若有人見受持讀誦法華經者應作是
念此人不久當詣道場破諸魔眾得阿耨多羅
三藐三菩提轉法輪擊法鼓吹法蠡雨法雨當
坐天人大眾中師子法座上普賢若於後世受
持讀誦是經典者是人不復貪著衣服臥具
飲食資生之物所願不虛亦於現世得其福報

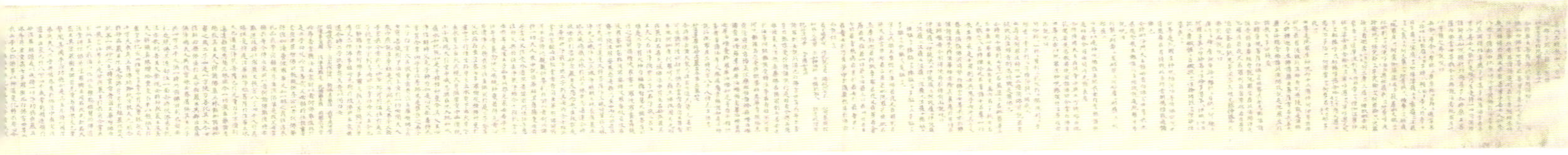

坐天人大衆中師子法座上普賢若於後世受
持讀誦是經典者是人不復貪著衣服卧具
飲食資生之物所願不虚亦於現世得其福報
若有人輕毀之言汝狂人耳空作是行終无所獲
如是罪報當世世无眼若有供養讚歎之者當於
今世得現果報若復見受持是經者出其過惡
若實若不實此人現世得白癩病若有輕咲之
者當世世牙齒疎缺醜脣平鼻手脚繚戾眼目
角睞身體臭穢惡瘡膿血水腹短氣諸惡重病
是故普賢若見受持是經典者當起遠迎當如
敬佛說是普賢勸發品時恒河沙等无量无
邊菩薩百千万億旋陁羅尼三千大千世界
微塵等諸菩薩得具普賢道佛說是經時普
賢等諸菩薩舍利弗等諸聲聞及諸天龍人
非人等一切大會皆大歡喜受持佛語作礼

BD00911　妙法蓮華經（八卷本）卷八

BD00912 大般若波羅蜜多經卷一八

（唐）玄奘 譯

47cm×26cm

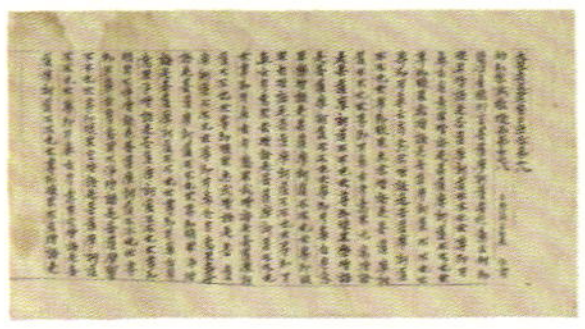

大般若波羅蜜多經卷第七十八

初分教誡教授品第七之八　三藏法師玄奘奉　詔譯

復次善現所言菩薩摩訶薩者於意云何即
眼界增語是菩薩摩訶薩不不也世尊即耳
鼻舌身意界增語是菩薩摩訶薩不不也世
尊即眼界常增語是菩薩摩訶薩不不也世
尊即耳鼻舌身意常增語是菩薩摩訶薩
不不也世尊即眼界無常增語是菩薩摩訶
薩不不也世尊即耳鼻舌身意界无常增語
是菩薩摩訶薩不不也世尊即眼界樂增語
是菩薩摩訶薩不不也世尊即耳鼻舌身意

鼻舌身意界若增語是菩薩摩訶薩不不也
世尊即耳鼻舌身意界我增語是菩薩摩訶
薩不不也世尊即眼界無我增語是菩薩
摩訶薩不不也世尊即耳鼻舌身意界無我增
語是菩薩摩訶薩不不也世尊即眼界淨增
語是菩薩摩訶薩不不也世尊即耳鼻舌身
意界淨增語是菩薩摩訶薩不不也世尊即
眼界不淨增語是菩薩摩訶薩不不也世尊
即耳鼻舌身意界不淨增語是菩薩摩訶薩
不不也世尊即眼界空增語是菩薩摩訶薩
不不也世尊即耳鼻舌身意界空增語是菩
薩摩訶薩不不也世尊即眼界不空增語是

BD00913 大般若波羅蜜多經卷二六二

（唐）玄奘 譯

48.3cm × 28.1cm

尼門清淨若虛空界清淨無二無二分無別
無斷故一切智智清淨故一切三摩地門清
淨一切三摩地門清淨故虛空界清淨何以
故若一切智智清淨若一切三摩地門清淨
若虛空界清淨無二無二分無別無斷故
善現一切智智清淨故預流果清淨預流果
清淨故虛空界清淨何以故若一切智智清
淨若預流果清淨若虛空界清淨無二無二
分無別無斷故一切智智清淨故一來不還
阿羅漢果清淨一來不還阿羅漢果清淨故
虛空界清淨何以故若一切智智清淨若
一來不還阿羅漢果清淨若虛空界清淨
無二無二分無別無斷故善現一切智智清淨

兌

界清淨何以故若一切智智清淨若
清淨若虛空界清淨無二無二分無別無斷
故善現一切智智清淨故一切菩薩摩訶薩
行清淨一切菩薩摩訶薩行清淨故虛空界
清淨何以故若一切智智清淨若一切菩薩清
淨何以故若一切智智清淨若一切菩薩摩
訶薩行清淨若虛空界清淨無二無二分
無別無斷故善現一切智智清淨故諸佛無
上正等菩提清淨諸佛無上正等菩提清淨
故虛空界清淨何以故若一切智智清淨若
諸佛無上正等菩提清淨若虛空界清淨
無二無二分無別斷故

BD00914　思益梵天所問經（异本）卷一

（後秦）鳩摩羅什 譯

248.5cm × 25cm

知聖諦非苦非集非滅非道聖諦上[illegible]
生是名苦聖諦知集无和合是名集聖諦於
畢竟滅法中知无生无滅是名滅聖諦於一
切法平等以不二法得道是名道聖諦梵天
真聖諦者无有虛妄虛妄者所謂着我着衆
生着人着壽命者着養育者着有着无着生
着滅着生死着涅槃梵天若行者言我知見
苦是虛妄我斷集是虛妄我滅證是虛妄我
脩道是虛妄所以者何是人違失佛所許念
是故說為虛妄何等是佛所許念所謂不憶
念一切諸法是為佛所許念若行者住是念
中則不住一切相若不住一切相則住實際

[illegible]
虛妄者是名聖諦梵天實者終不作不實若
有佛若无佛法性常住所謂生死性涅槃性
常實所以者何非離生死得涅槃名為聖諦
若人證如是四聖諦是名世間實語者梵天
當來有比丘不脩身不脩戒不脩心不脩慧
是人說生相是苦諦衆緣和合是集諦滅法
是滅諦以二法求相是道諦佛言我說此愚
人等是外道徒黨我非彼人師彼非我弟子
是人墮於邪道破失法故說言有諦梵天且
觀我坐道場時不得一法是實是虛妄若佛
不得法是法寧可於衆中有言說有論議有
教化邪梵天言不也世尊梵天以諸法无所
得故諸法離自性故我菩提是无貪著相

得故說法離自性故我菩提是无貪著相
尒時思益梵天白佛言世尊若如來於法无
所得者有何利益說如來得菩提名為佛佛
言梵天於汝意云何我所說諸法若有為若
无為是法為實為虛妄耶梵天言是法虛妄
非實於汝意云何若法虛妄非實是法為有
為无梵天言世尊若法虛妄是法不應說有
不應說无於汝意云何若法非有非无是法
有得者不梵天言无有得者梵天如來坐道
場時唯得虛妄顛倒所起煩惱畢竟空性以
无所得故得以无所知故知所以者何我所
得法不可見不可聞不可覺不可識不可取
不可著不可說不可難出過一切法相无語
[illegible]

如虛空[illegible]
不也世尊諸佛如来甚為希有成就未曾有
法深入大慈大悲得如是齊感相法而以文字
言說教人令得悟解世尊其有聞是能信解者當
知是人不從小功德来世尊是法一切世間
之所難信所以者何世間貪著實而是法
无實无虛妄世間貪著法而是法无法无非
法世尊貪著涅槃而是法无生死无涅槃世
間貪著善法而是法无善无非善世間貪著
樂而是法无苦无樂世間貪著佛出世而是
法无佛出世亦无涅槃雖有說法而是法非
可說相雖讚說僧而僧即是无為是故此法
一切世尊之所難信譬如水中出火火中出
水難可得信如是煩惱中有菩提菩提中有

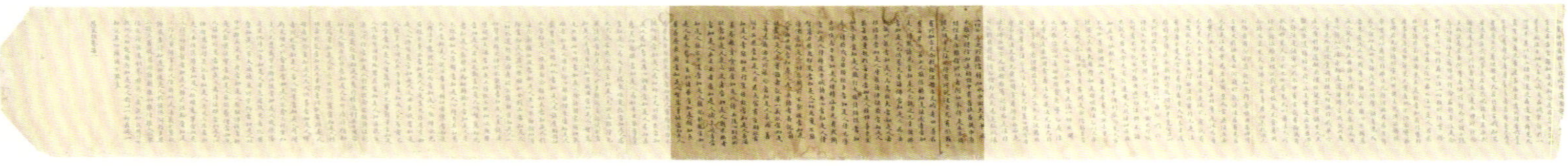

一切世尊之所難信辟如水中出火火中出
水難可得信如是煩惱中有菩提菩提中有
煩惱是亦難信所以者何如来得是虚妄煩
惱之性亦无法可得有所說法亦无有形難
有所知亦无分别證涅槃亦无滅者世尊若
有善男子善女人能信解如是法義者當知
是人得脱諸見當知是人已親近无量諸佛
當知是人已供養无量諸佛當知是人為善
知識所護當知是人志意曠大當知是人善
根深厚當知是人守護諸佛法藏當知是人
能善思量起於善業當知是人種性尊貴生
如来家當知是人能行大捨諸煩惱當知
是人得持戒力非煩惱力當知是人得忍辱

當[illegible]
智慧力離惡邪見當知是人一切惡魔不能
得便當知是人一切惡賊所不能破當知是
人不誑世間當知是人是真語者善說法相
故當知是人是實語者說第一義故當知是
人善為諸佛之所護念當知是人柔濡和善
同止安樂當知是人名為大富有聖財故當
知是人常能知足行聖種故當知是人易滿
易養離貪食故當知是人得安隱心到彼岸
故當知是人度未度者當知是人解未解者
當知是人安未安者當知是人滅未滅者當
知是人能示正道當知是人能說解脫當知
是人為大醫王善知諸藥當知是人猶如良
藥善療衆病當知是人智慧勇健當知是人

藥善療衆病當知是人智慧勇健當知是人
爲有大力堅固究竟當知是人有精進力不
隨他語當知是人爲如師子无所怖畏當知
是人爲如象王其心調柔當知是人爲如老
象其心隨順當知是人爲如牛王能導大衆
當知是人爲大勇健能破魔怨當知是人爲
大丈夫處衆无畏當知是人无所忌難得无
畏法故當知是人无所畏難說真諦法故當
知是人具清白法如月盛滿當知是人智慧
先照猶如日明當知是人除諸闇冥猶如執
炬當知是人樂行捨心離諸憎愛當知是人
載育衆生猶如地當知是人洗諸塵垢猶如
水當知是人燒諸動念猶如火當知是人於
[illegible]

殊[illegible]知是人其心明[illegible]

一切外道競勝論者所不能動當知是人一

切聲聞辟支佛所不能測當知是人多饒法

寶猶如大海當知是人煩惱不現如波隨羅

當知是人求法无猒當知是人以智慧知足

當知是人能轉法輪如轉輪王當知是人身

色姝妙如天帝釋當知是人心得自在如梵

天王當知是人說法音聲猶如雷震當知是

人降法甘露猶如時雨當知是人能增長无

漏根力覺分當知是人已度生死汙泥當知

是人入佛智慧當知是人近佛菩提當知是

人能多學問无與等者當知是人无有量已

過量當知是人智慧辯才无有鄣㝵當知是

人憶念堅固得陁羅尼當知是人知諸衆生

人憶念堅固得陁羅尼當知是人知諸衆生
深心所行當知是人行於正念正觀諸法故
解達義趣當知是人懃行精進利安世間當
知是人超出於世當知是人不可染汙猶如
蓮花當知是人不為世法所覆當知是人利
根者所愛當知是人多聞者所敬當知是人
智者所念當知是人天人供養當知是人禪
者所礼當知是人善人所貴當知是人聲聞
辟支佛之所貪慕當知是人不貪小行當知
是人不覆藏罪不顯功德當知是人威儀備
具生他淨心當知是人身色端政見者悅樂
當知是人有大威德衆所宗仰當知是人以
卅二相莊嚴其身當知是人能繼佛種當知

佛智慧而得受記當知是人具足三忍當知
是人安住道場當知是人破壞魔軍當知是
人得一切種智當知是人轉於法輪當知是
人作无量佛事若人信解如是法義不驚疑
怖畏者得如是功德是人於諸佛阿耨多羅
三藐三菩提甚深難解難知難信難入而能
信受讀誦通利奉持為人廣說如說脩行亦
教他人如說脩行如是之人我以一劫若減一
劫說其功德猶不能盡

思益經卷第一

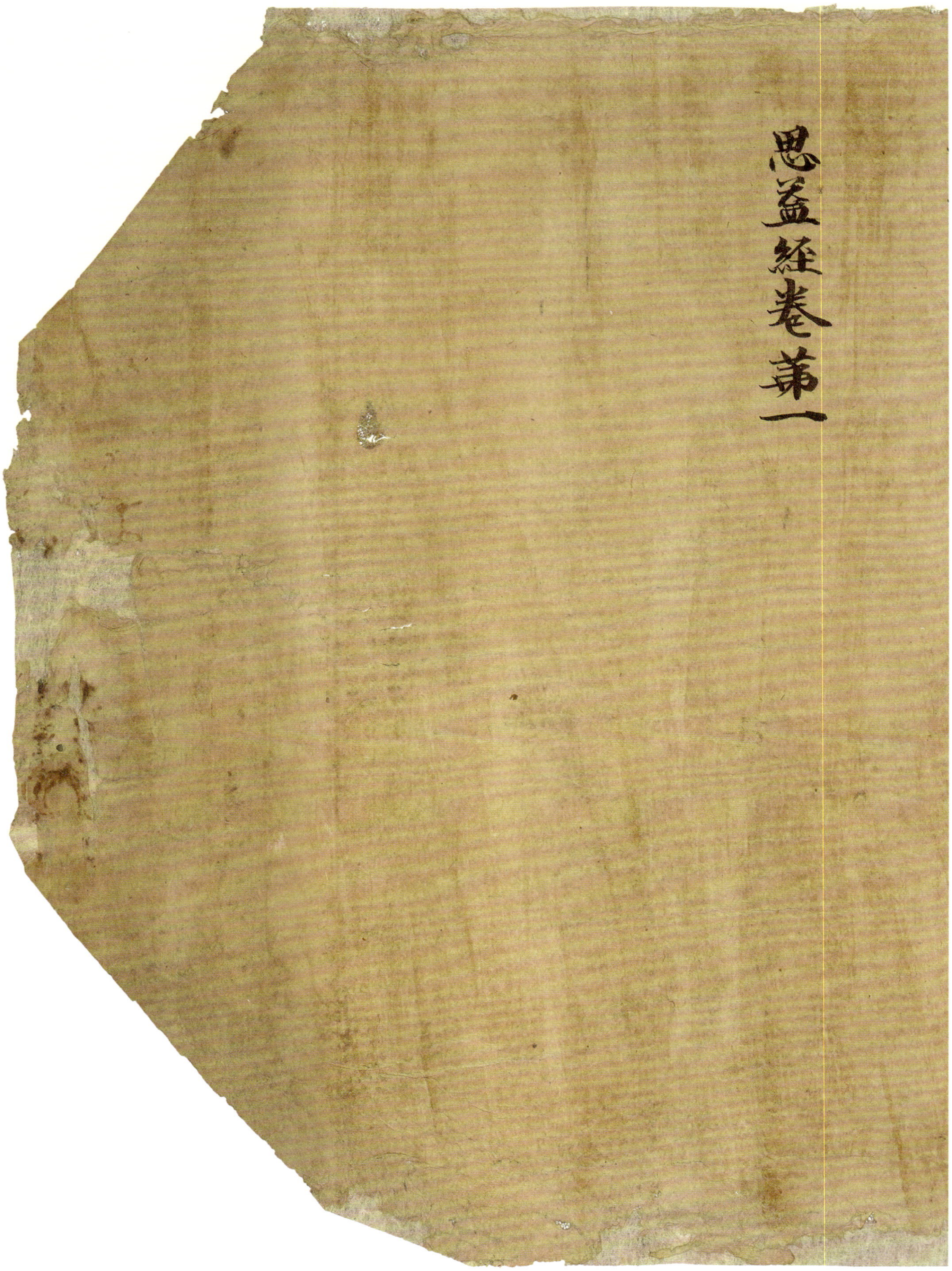
思益經卷第一

BD00915 阿彌陀經

（後秦）鳩摩羅什 譯

206.9cm × 25.5cm

文殊師……子阿逸多菩
薩常精進菩薩與如是等諸大
桓因等无量諸天大眾俱
尒時佛告長老舍利弗從是西方
佛土有世界名曰極樂其土有佛
今現在說法舍利弗彼土何故名為極樂
其眾生无有眾苦但受諸樂故名極樂
又舍利弗極樂國土七重欄楯七重羅網七
重行樹皆是四寶周帀圍繞是故彼國名曰
極樂
又舍利弗極樂國土有七寶池八功德水

滿其中池底純以金沙布地四邊階道金銀
瑠璃頗梨合成上有樓閣亦以金銀瑠璃頗
梨車璩赤珠馬瑙而嚴飾之池中蓮華大如
車輪青色青光黃色黃光赤色赤光白色白
光微妙香潔舍利弗極樂國土成就如是功
德莊嚴
又舍利弗彼佛國土常作天樂黃金為地晝
夜六時而雨曼陀羅華其國衆生常以清旦
各以衣裓盛衆妙華供養他方十万億佛即
以食時還到本國飯食經行舍利弗極樂國
土成就如是功德莊嚴
復次舍利弗彼國常有種種奇妙雜色之鳥

土成就如是功德莊嚴
復次舍利弗彼國常有種種奇妙雜色之鳥
白鵠孔雀鸚鵡舍利迦陵頻伽共命之鳥是
諸衆鳥晝夜六時出和雅音其音演暢
五力七菩提分八聖道分如是等法其土
生聞是音已皆悉念佛念法念僧舍利弗汝
勿謂此鳥實是罪報所生所以者何彼佛國
土无三惡趣舍利弗其佛國土尚无三惡道
之名何況有實是諸衆鳥皆是阿弥陁佛欲
令法音宣流變化所作舍利弗彼佛國土微
風吹動諸寶行樹及寶羅網出微妙音譬如
百千種樂同時具作聞是音者皆自然生念

佛念法念僧之心舍利弗其佛國土成就如

是功德莊嚴

舍利弗扵汝意云何彼佛何故号阿弥陀舍

利弗彼佛光明无量照十方國无所鄣礙是

故号為阿弥陀又舍利弗彼佛壽命及其人

民无量无邊阿僧祇劫故名阿弥陀舍利弗

阿弥陀佛成佛已来扵今十劫又舍利弗彼

佛有无量无邊聲聞弟子皆阿羅漢非是筭

數之所能知諸菩薩亦如是舍利弗彼佛國

土成就如是功德莊嚴

又舍利弗極樂國土衆生生者皆是阿鞞跋

致其中多有一生補處其數甚多非是筭數

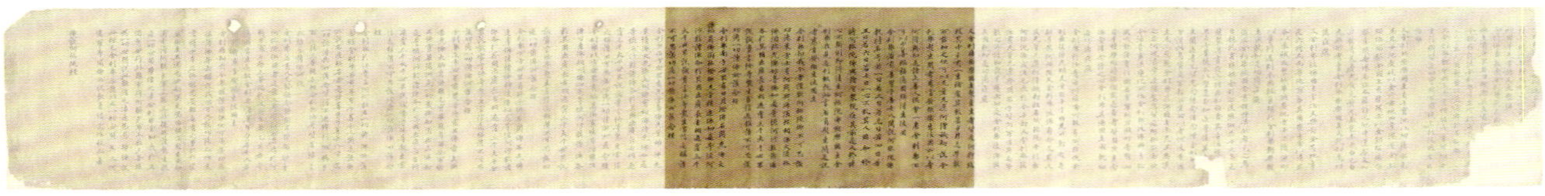

又舍利弗極樂國土眾生生者皆是阿鞞跋
致其中多有一生補處其數甚多非是筭數
所能知之但可以无量无邊阿僧祇劫說舍
利弗眾生聞者應當發願願生彼國所以者
何得與如是諸上善人俱會一處舍利弗不
可以少善根福德因緣得生彼國
舍利弗若有善男子善女人聞說阿彌陁佛
執持名号若一日若二日若三日若四日若
五日若六日若七日一心不乱其人臨命終
時阿彌陁佛與諸聖眾現在其前是人終時
心不顛倒即得往生阿彌陁佛極樂國土舍
利弗我見是利故說此言若有眾生聞是說

[illegible]

舍利弗如我今者讚歎阿弥陁佛不可思議
功德東方亦有阿閦鞞佛須弥相佛大須弥
佛須弥光佛妙音佛如是等恒河沙數諸佛
各於其國出廣長舌相遍覆三千大千世界
說誠實言汝等衆生當信是稱讚不可思議
功德一切諸佛所護念經
舍利弗南方世界有日月燈佛名聞光佛大
焰肩佛須弥燈佛无量精進佛如是等恒河
沙數諸佛各於其國出廣長舌相遍覆三千
大千世界說誠實言汝等衆生當信是稱讚
不可思議功德一切諸佛所護念經

不可思議功德一切諸佛所護念經
舍利弗西方世界有無量壽佛無量相佛無
量幢佛大光佛大明佛寶相佛淨光佛如是
等恒河沙數諸佛各於其國出廣長舌相遍
覆三千大千世界說誠實言汝等衆生當信
是稱讚不可思議功德一切諸佛所護念經
舍利弗北方世界有焰肩佛最勝音佛難阻
佛日生佛網明佛如是等恒河沙數諸佛各
於其國出廣長舌相遍覆三千大千世界說
誠實言汝等衆生當信是稱讚不可思議功
德一切諸佛所護念經

舍利弗下方世界有師子佛名聞佛名光佛
達摩佛法幢佛持法佛如是等恒河沙數諸
佛各於其國出廣長舌相遍覆三千大千世
界說誠實言汝等衆生當信是稱讚不可思
議功德一切諸佛所護念經
舍利弗上方世界有梵音佛宿王佛香上佛
香光佛大焰肩佛雜色寶華嚴身佛娑羅樹
王佛寶華德佛見一切義佛如須弥山佛如
是等恒河沙數諸佛各於其國出廣長舌相
遍覆三千大千世界說誠實言汝等衆生當
信是稱讚不可思議功德一切諸佛所護念
經

經
舍利弗於汝意云何何故名一切諸佛所護
念經舍利弗若有善男子善女人聞是諸佛
所說名及經名者是諸善男子善女人皆爲
一切諸佛共所護念皆得不退轉於阿耨多
羅三藐三菩提是故舍利弗汝等皆當信受
我語及諸佛所說
舍利弗若有人已發願今發願當發願欲生
阿彌陀佛國者是諸人等皆得不退轉於阿
耨多羅三藐三菩提於彼國土若已生若今
生若當生是故舍利弗諸善男子善女人若
有信者應當發願生彼國土

舍利弗如我今者稱讚諸佛不可思議功德
彼諸佛等亦稱說我不可思議功德而作是
言釋迦牟尼佛能爲甚難希有之事能於娑
婆國土五濁惡世劫濁見濁煩惱濁衆生濁命
濁中得阿耨多羅三藐三菩提爲諸衆生說
是一切世間難信之法舍利弗當知我於五
濁惡世行此難事得阿耨多羅三藐三菩提
爲一切世間說此難信之法是爲甚難佛說
此經已舍利弗及諸比丘一切世間天人阿
脩羅等聞佛所說歡喜信受作禮而去
佛說阿彌陀經

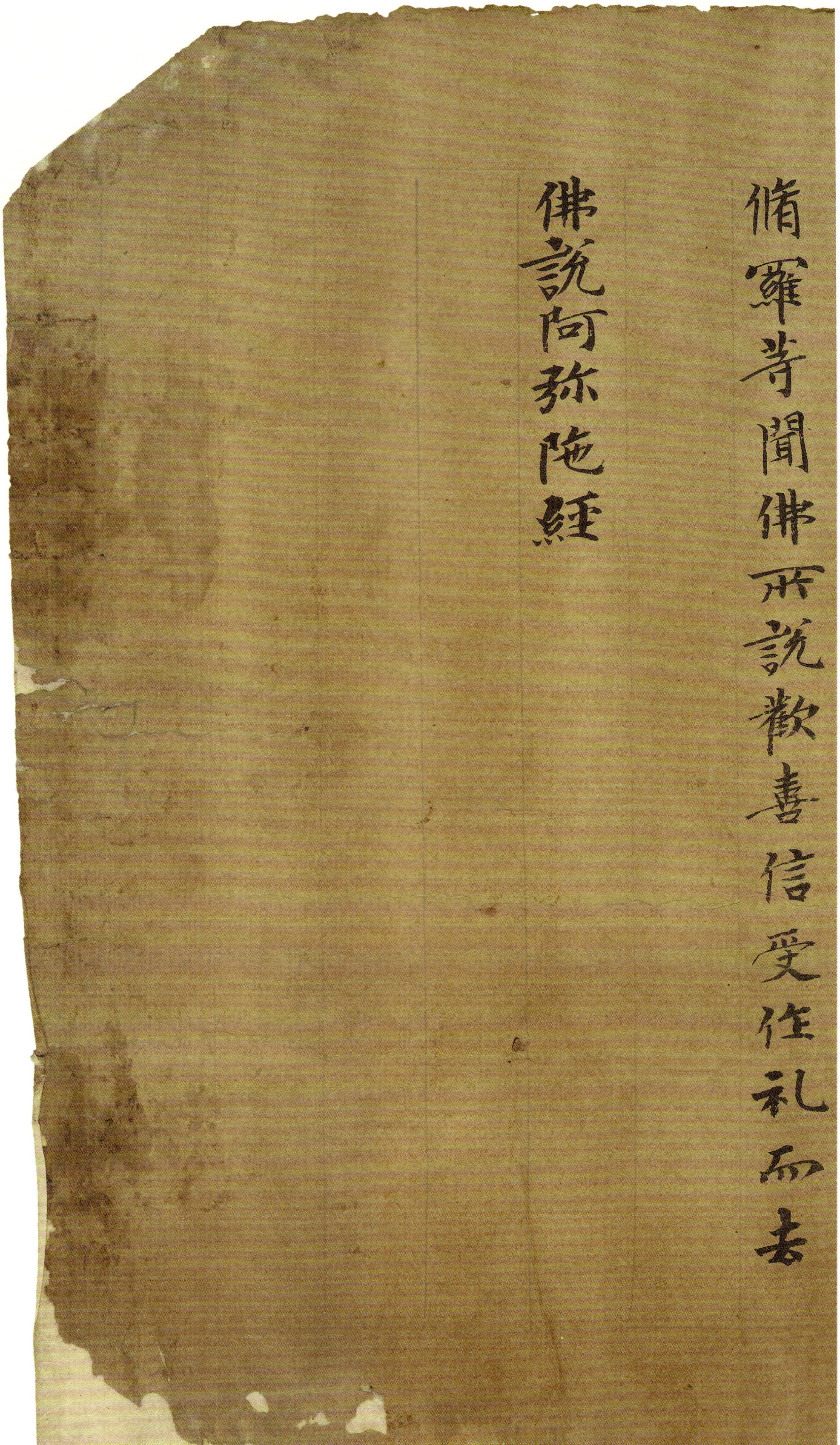

脩羅等聞佛所說歡喜信受作礼而去

佛說阿弥陀經

BD00916 大般若波羅蜜多經卷三四

（唐）玄奘 譯

825.8cm × 25.1cm

大般若波羅蜜多經卷第卌
初分教誡教授品第七之卌
三藏法師玄奘奉　詔譯
善現汝復觀何義言
煩惱若無煩惱增語非
隨好若有煩惱若無煩
薩耶世尊若三十二大士
無煩　若
八十隨好有煩惱無煩惱尚畢竟不可得性非
有故況有三十二大士相有煩惱無煩惱增
語及八十隨好有煩惱無煩惱增語此增語
既非有如何可言即三十二大士相若有煩惱
若無煩惱增語是菩薩摩訶薩即八十隨
无

世間若出世間增語非菩薩摩訶薩即八
十隨好若世間若出世間增語非菩薩摩訶
薩耶世尊若三十二大士相世間出世間若
八十隨好世間出世間尚畢竟不可得性非
有故況有三十二大士相世間出世間增語
及八十隨好世間出世間增語此增語既非有
如何可言即三十二大士相若世間若出世
間增語是菩薩摩訶薩即八十隨好若世間
若出世間增語是菩薩摩訶薩善現汝復
觀何義言即三十二大士相若雜染若清淨
增語非菩薩摩訶薩即八十隨好若雜染若
清淨增語非菩薩摩訶薩耶世尊若三十二
大士相雜染清淨若八十隨好雜染清淨尚

大士相雜染清淨若八十隨好雜染清淨尚
畢竟不可得性非有故況有三十二大士相
雜染清淨增語及八十隨好雜染清淨增語
此增語既非有如何可言即三十二大士相若
雜染若清淨增語是菩薩摩訶薩即八十
隨好若雜染若清淨增語是菩薩摩訶薩
善現汝復觀何義言即三十二大士相若屬生
死若屬涅槃增語非菩薩摩訶薩即八十隨
好若若屬生死若屬涅槃增語非菩薩摩訶薩耶世尊若
三十二大士相屬生死屬涅槃若八十隨好
屬生死屬涅槃尚畢竟不可得性非有故況有
三十二大士相屬生死屬涅槃增語及八十隨
好屬生死屬涅槃增語此增語既非有如何

若屬涅槃增語是菩薩摩訶薩善現汝復
觀何義言即三十二大士相若在內若在外
若在兩閒增語非菩薩摩訶薩即八十隨
好若在內若在外若在兩閒增語非菩薩摩
訶薩耶世尊若三十二大士相在內在外在兩閒若
八十隨好在內在外在兩閒尚畢竟不可得性
非有故況有三十二大士相在內在外在兩閒
增語及八十隨好在內在外在兩閒增語此增
語既非有如何可言即三十二大士相若在內
若在外若在兩閒增語是菩薩摩訶薩即
八十隨好若在內若在外若在兩閒增語是菩
薩摩訶薩善現汝復觀何義言即三十二大
士相若可得若不可得增語非菩薩摩訶薩即

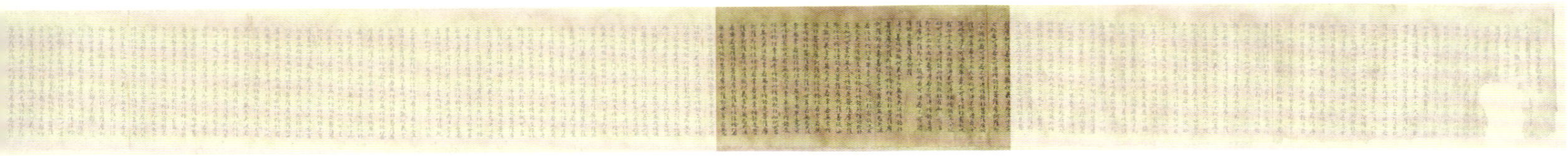

薩摩訶薩善現汝復觀何義言即三十二大
士相若可得若不可得增語非菩薩摩訶薩即
八十隨好若可得若不可得增語非菩薩摩訶
薩耶世尊若三十二大士相可得不可得若八十
隨好可得不可得尚畢竟不可得性非有故况
有三十二大士相可得不可得性增語及八十隨
好可得不可得增語此增語既非有如何可言
即三十二大士相若可得若不可得增語是菩
薩摩訶薩即八十隨好若可得若不可得
增語是菩薩摩訶薩
復次善現汝觀何義言即無忘失法增語非
菩薩摩訶薩即恒住捨性增語非菩薩摩
訶薩耶具壽善現答言世尊若無忘失法

有如何可言即無忘失法增語是菩薩摩訶薩
即恒住捨性增語是菩薩摩訶薩善現汝
復觀何義言即無忘失法若常若無常增
語非菩薩摩訶薩即恒住捨性若常若無
常增語非菩薩摩訶薩耶世尊無忘失法
常無常若恒住捨性常無常尚畢竟不可
得性非有故況有無忘失法常無常增語及
恒住捨性常無常增語此增語既非有如何可言
即無忘失法若常若無常增語是菩薩摩
訶薩即恒住捨性若常若無常增語是菩
薩摩訶薩善現汝復觀何義言即無忘失法
若樂若苦增語非菩薩摩訶薩即恒住捨性若
樂若苦增語非菩薩摩訶薩耶世尊若無忘

樂苦增語非菩薩摩訶薩耶世尊若無忘
失法樂苦若恒住捨性樂苦尚畢竟不可得
性非有故況有無忘失法樂苦增語及恒住捨
性樂苦增語此增語既非有如何可言即無忘
失法若樂若苦增語是菩薩摩訶薩即恒住
捨性若樂若苦增語是菩薩摩訶薩善現汝
復觀何義言即無忘失法若我若無我增語
非菩薩摩訶薩即恒住捨性若我若無我增
語非菩薩摩訶薩耶世尊若無忘失法我無
我若恒住捨性我無我尚畢竟不可得性非
有故況有無忘失法我無我增語及恒住捨性
我無我增語此增語既非有如何可言即無
忘失法若我若無我增語是菩薩摩訶薩即

淨增語非菩薩摩訶薩即恒住捨性若淨若
不淨增語非菩薩摩訶薩耶世尊若無忘失
法淨不淨若恒住捨性淨不淨尚畢竟不可得
性非有故況有無忘失法淨不淨增語及恒住
捨性淨不淨增語此增語既非有如何可言
即無忘失法若淨若不淨增語是菩薩摩
訶薩即恒住捨性若淨若不淨增語是菩薩
摩訶薩善現汝復觀何義言即無忘失法若
空若不空增語非菩薩摩訶薩即恒住捨
性若空若不空增語非菩薩摩訶薩耶世尊
若無忘失法空不空若恒住捨性空不空尚
畢竟不可得性非有故況有無忘失法空不
空增語及恒住捨性空不空增語此增語既

BD00916　大般若波羅蜜多經卷三四

空增語及恒住捨性空不空增語此增語既
非有如何可言即無忘失法若空若不空增語
是菩薩摩訶薩即恒住捨性若空若不空
增語是菩薩摩訶薩善現汝復觀何義言
即無忘失法若有相若無相增語非菩薩摩
訶薩即恒住捨性若有相若無相增語非菩
薩摩訶薩耶世尊若無忘失法有相無相
若恒住捨性有相無相尚畢竟不可得性非
有故況有無忘失法有相無相增語及恒住捨
性有相無相增語此增語既非有如何可言
即無忘失法若有相若無相增語是菩薩摩
訶薩即恒住捨性若有相若無相增語是菩
薩摩訶薩善現汝復觀何義言即無忘失法若有

尊若無忘失法有願無願若恒住捨性有
願無願尚畢竟不可得性非有故況
有無忘失法有願無願增語及恒住捨性有願
無願增語此增語既非有如何可言即無忘失法若
有願若無願增語是菩薩摩訶薩即恒住
捨性若有願若無願增語是菩薩摩訶薩善
現汝復觀何義言即無忘失法若寂靜若不
寂靜增語非菩薩摩訶薩即恒住捨性若寂
靜若不寂靜增語非菩薩摩訶薩耶世尊
若無忘失法寂靜不寂靜若恒住捨性寂靜
不寂靜尚畢竟不可得性非有故況有無忘
失法寂靜不寂靜增語及恒住捨性寂靜不
寂靜增語此增語既非有如何可言即無忘失

寂靜增語此增語既非有如何可言即無忘失
法若寂靜若不寂靜增語是菩薩摩訶薩即
恒住捨性若寂靜若不寂靜增語是菩薩摩
訶薩善現汝復觀何義言即無忘失法若遠
離若不遠離增語非菩薩摩訶薩即恒住
捨性若遠離若不遠離增語非菩薩摩訶
薩耶世尊若無忘失法遠離不遠離若恒住
捨性遠離不遠離尚畢竟不可得性非有故
況有無忘失法遠離不遠離增語及恒住捨
性遠離不遠離增語此增語既非有如何可言
即無忘失法若遠離若不遠離增語是菩薩
摩訶薩即恒住捨性若遠離若不遠離增
語是菩薩摩訶薩善現汝復觀何義言

菩薩摩訶薩耶世尊若無忘失法有為無
為若恒住捨性有為無為尚畢竟不可得性非
有故況有無忘失法有為無為增語及恒住
捨性有為無為增語此增語既非有如何可
言即無忘失法若有為若無為增語是菩薩
摩訶薩即恒住捨性若有為若無為增語
是菩薩摩訶薩善現汝復觀何義言即無
忘失法若有漏若無漏增語非菩薩摩訶薩
即恒住捨性若有漏若無漏增語非菩薩摩
訶薩耶世尊若無忘失法有漏無漏若恒住捨
性有漏無漏尚畢竟不可得性非有故況有
無忘失法有漏無漏增語及恒住捨性有漏
無漏增語此增語既非有如何可言即無忘

無漏增語此增語既非有如何可言即無忘
失法若有漏若無漏增語是菩薩摩訶薩
即恒住捨性若有漏若無漏增語是菩薩摩
訶薩善現汝復觀何義言即無忘失法若
生若滅增語非菩薩摩訶薩即恒住捨性
若生若滅增語非菩薩摩訶薩耶世尊若
無忘失法生滅若恒住捨性生滅尚畢竟不
可得性非有故況有無忘失法生滅增語及
恒住捨性生滅增語此增語既非有如何可言
即無忘失法若生若滅增語是菩薩摩訶薩
即恒住捨性若生若滅增語是菩薩摩訶薩
善現汝復觀何義言即無忘失法若善若非善
增語非菩薩摩訶薩即恒住捨性若善若非

性非有故況有無忘失法善非善增語及恒住
捨性善非善增語此增語既非有如何可言
即無忘失法若善若善非增語是菩薩摩
訶薩即恒住捨性若善若非善增語是菩薩摩訶
薩善現汝復觀何義言即無忘失法若有罪
若無罪增語非菩薩摩訶薩即恒住捨性若
有罪若無罪增語非菩薩摩訶薩耶世尊
若無忘失法有罪無罪若恒住捨性有罪
無罪尚畢竟不可得性非有故況有無忘
失法有罪無罪增語及恒住捨性有罪無罪
增語此增語既非有如何可言即無忘失法若
有罪若無罪增語是菩薩摩訶薩即恒住
捨性若有罪若無罪增語是菩薩摩訶薩

捨性若有罪若無罪增語是菩薩摩訶薩
善現汝復觀何義言即無忘失法若有煩惱
若無煩惱增語非菩薩摩訶薩即恒住捨
性若有煩惱若無煩惱增語非菩薩摩訶
薩耶世尊若無忘失法有煩惱無煩惱若
恒住捨性有煩惱無煩惱尚畢竟不可得性
非有故況有無忘失法有煩惱無煩惱增
語及恒住捨性有煩惱無煩惱增語此增語
既非有如何可言即無忘失法若有煩惱若
無煩惱增語是菩薩摩訶薩即恒住捨性
若有煩惱若无煩惱增語是菩薩摩訶薩善現汝
復觀何義言即無忘失法若出世間若世
間增語非菩薩摩訶薩即恒住捨性若世
間若出世間增語非菩薩摩訶薩耶世尊

若無忘失法世間出世間若恒住捨性世間
出世間尚畢竟不可得性非有故況有無忘
失法世間出世間增語及恒住捨性世間出
世間增語此增語既非有如何可言即無忘
失法若世間若出世間增語是菩薩摩訶薩
即恒住捨性若世間若出世間增語是菩薩
摩訶薩善現汝復觀何義言即無忘失法若
雜染若清淨增語非菩薩摩訶薩即恒住
捨性若雜染若清淨增語非菩薩摩訶薩耶
世尊若無忘失法雜染清淨若恒住捨性雜
染清淨尚畢竟不可得性非有故況有無忘
失法雜染清淨增語及恒住捨性雜染清淨
增語此增語既非有如何可言即無忘失法若
雜染若清淨增語是菩薩摩訶薩即恒住

棄染若清淨增語是菩薩摩訶薩即恒住
捨性若雜染若清淨增語是菩薩摩訶薩
善現汝復觀何義言即無忘失法若屬生死
若屬涅槃增語非菩薩摩訶薩即恒住捨性
若屬生死若屬涅槃增語非菩薩摩訶薩耶
世尊若無忘失法屬生死屬涅槃若恒住捨
性屬生死屬涅槃尚畢竟不可得性非有故
況有無忘失法屬生死屬涅槃增語及恒住
捨性屬生死屬涅槃增語此增語既非有如
何可言即無忘失法若屬生死若屬涅槃增語
是菩薩摩訶薩即恒住捨性若屬生死若屬
涅槃增語是菩薩摩訶薩善現汝復觀何義
言即無忘失法若在內若在外若在兩間增語
非菩薩摩訶薩即恒住捨性若在內若在外

忘失法在內在外在兩間若恒住捨性在內在
外在兩間尚畢竟不可得性非有故況有無
忘失法在內在外在兩間增語及恒住捨性在
內在外在兩間增語此增語既非有如何可言
即無忘失法若在內若在外若在兩間增語是
菩薩摩訶薩即恒住捨性若在內若在外若在兩
間增語是菩薩摩訶薩善現汝復觀何義
言即無忘失法若可得若不可得增語非菩
薩摩訶薩即恒住捨性若可得若不可得增
語非菩薩摩訶薩耶世尊若無忘失法可
得不可得若恒住捨性可得不可得尚畢竟
不可得性非有故況有無忘失法可得不可得
增語及恒住捨性可得不可得增語此增語既
非有如何可言即無忘失法若可得若不可

非有如何可言即無忘失法若可得若不可
得增語是菩薩摩訶薩即恒住捨性若可
得若不可得增語是菩薩摩訶薩復次善
現汝觀何義言即一切智增語非菩薩摩訶
薩即道相智一切相智增語非菩薩摩訶薩
耶具壽善現答言世尊若一切智若道相智
一切相智尚畢竟不可得性非有故況有一切
智增語及道相智一切相智增語此增語既非
有如何可言即一切智增語是菩薩摩訶薩
即道相智一切相智增語是菩薩摩訶薩善
現汝觀何義言即一切智若常若無常
增語非菩薩摩訶薩即道相智一切相智若常若
無常增語非菩薩摩訶薩耶世尊若一切

况有一切智常無常增語及道相智一切相智
常無常增語此增語既非有如何可言即一
切智若常若無常增語是菩薩摩訶薩即
道相智一切相智若常若無常增語是菩薩
摩訶薩善現汝復觀何義言即一切智若樂
若苦增語非菩薩摩訶薩即道相智一切相
智若樂若苦增語非菩薩摩訶薩耶世尊
若一切智樂苦若道相智一切相智樂苦尚畢
竟不可得性非有故况有一切智樂苦增語及
道相智一切相智樂苦增語此增語既非如有何
可言即一切智若樂若苦增語是菩薩摩訶
薩即道相智一切相智若樂若苦增語是菩薩摩訶
薩善現汝復觀何義言即一切智若我若

訶薩善現汝復觀何義言即一切智若我若
無我增語非菩薩摩訶薩即道相智一切
切相智若我若无我增語非菩薩摩訶薩耶世
尊若一切智我無我若道相智一切相智我
無我尚畢竟不可得性非有故况有一切智
我無我增語及道相智一切相智我無我增語
此增語既非有如何可言即一切智若我若無
我增語是菩薩摩訶薩即道相智一切
相智若我若無我增語是菩薩摩訶薩善
現汝復觀何義言即一切智若淨若不淨增
語非菩薩摩訶薩即道相智一切相智若
淨若不淨增語非菩薩摩訶薩耶世尊
若一切智淨不淨若道相智一切相智淨不淨

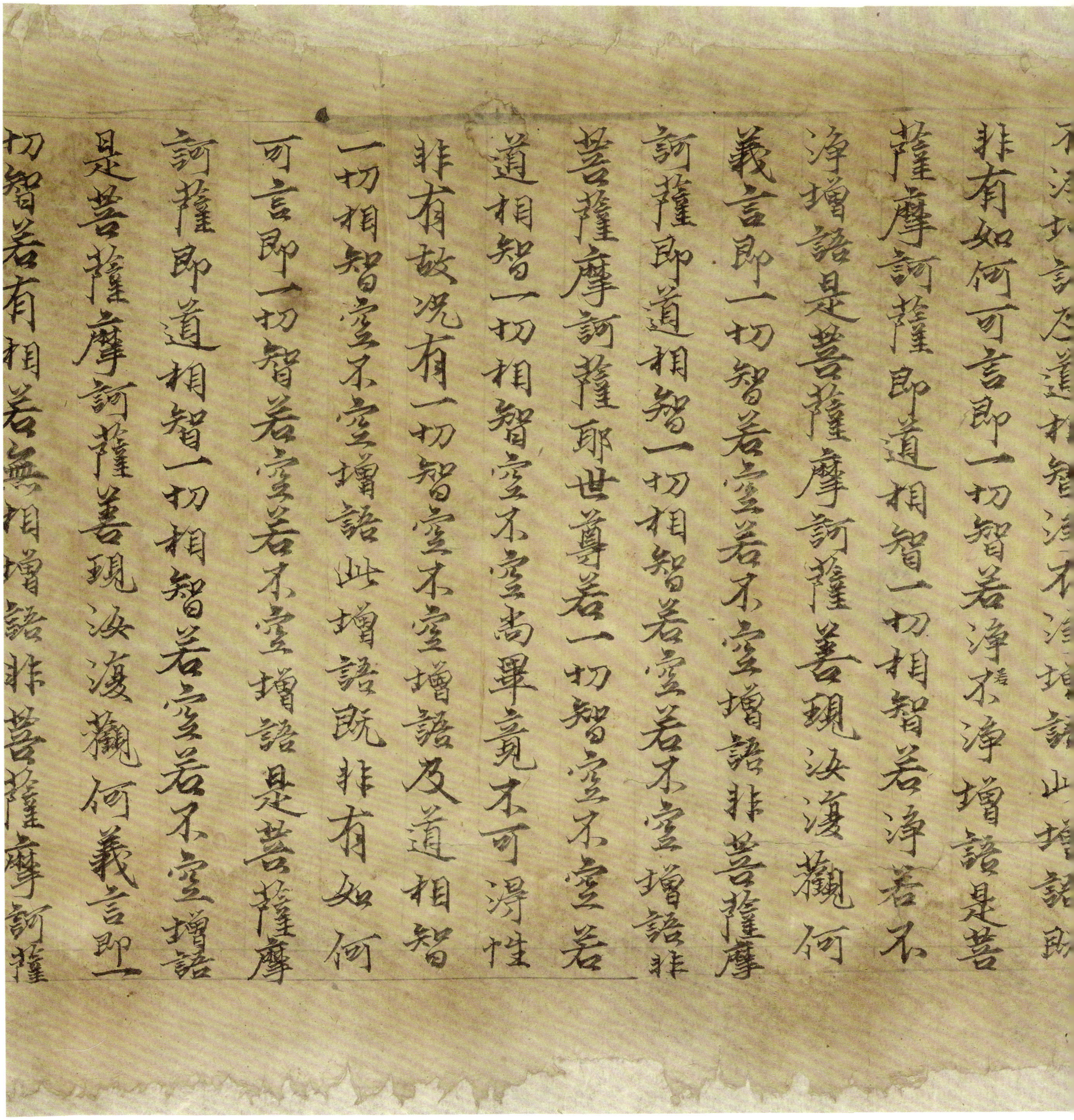

不淨增語及道相智淨不淨增語此增語既
非有如何可言即一切智若淨若不淨增語是菩
薩摩訶薩即道相智一切相智若淨若不
淨增語是菩薩摩訶薩善現汝復觀何
義言即一切智若空若不空增語非菩薩摩
訶薩即道相智一切相智若空若不空增語非
菩薩摩訶薩耶世尊若一切智空不空若
道相智一切相智空不空尚畢竟不可得性
非有故況有一切智空不空增語及道相智
一切相智空不空增語此增語既非有如何
可言即一切智若空若不空增語是菩薩摩
訶薩即道相智一切相智若空若不空增語
是菩薩摩訶薩善現汝復觀何義言即一
切智若有相若無相增語非菩薩摩訶薩

BD00916　大般若波羅蜜多經卷三四

切智若有相若無相增語非菩薩摩訶薩
即道相智一切相智若有相若無相增語非
菩薩摩訶薩耶世尊若一切智有相無相若
道相智一切相智有相無相尚畢竟不可得
性非有故況有一切智有相無相增語及道相智一
切相智有相無相增語此增語既非有如何
可言即一切智若有相若無相增語是菩薩
摩訶薩即道相智一切相智若有相若無
相增語是菩薩摩訶薩善現汝復觀何
義言即一切智若有願若無願增語非菩薩
摩訶薩即道相智一切相智若有願若無願
增語非菩薩摩訶薩耶世尊若一切智有

及道相智一切相智有願無願增語此增語既
非有如何可言即一切智若有願若無願增語
是菩薩摩訶薩即道相智一切相智若有
願若無願增語是菩薩摩訶薩善現汝復
觀何義言即一切智若寂靜若不寂靜增語
非菩薩摩訶薩即道相智一切相智若寂靜
若不寂靜增語非菩薩摩訶薩耶世尊若
切智寂靜不寂靜若道相智一切相智寂靜不
寂靜尚畢竟不可得性非有故況有一切智寂
靜不寂靜增語及道相智一切相智寂靜不
寂靜增語此增語既非有如何可言即一切智若寂
靜若不寂靜增語是菩薩摩訶薩即道相智
一切相智若寂靜若不寂靜增語是菩薩摩

BD00916　大般若波羅蜜多經卷三四

一切相智若寂靜若不寂靜增語是菩薩摩
訶薩善現汝復觀何義言即一切智若遠離
若不遠離增語非菩薩摩訶薩即道相智
一切相智若遠離若不遠離增語非菩薩摩
訶薩耶世尊若一切智遠離不遠離若道
相智一切相智遠離不遠離尚畢竟不可得
性非有故況有一切智遠離不遠離增語及道
相智一切相智遠離不遠離增語此增語既非
有如何可言即一切智若遠離若不遠離增
語是菩薩摩訶薩即道相智一切相智若遠
離若不遠離增語是菩薩摩訶薩善現汝
汝復觀何義言即一切智若有為若無為增語
非菩薩摩訶薩即道相智一切相智若有

無為畢竟不可得性非有故況有一切智
有為無為增語及道相智一切相智有為無
為增語此增語既非有如何可言即一切智若
有為若無為增語是菩薩摩訶薩即道相智
一切相智若有為若無為增語是菩薩摩訶
薩善現汝復觀何義言即一切智若有漏
若無漏增語非菩薩摩訶薩即道相智一
切相智若有漏若無漏增語非菩薩摩訶薩
耶世尊若一切智有漏無漏若道相智一切
相智有漏無漏畢竟不可得性非有故況
有一切智有漏無漏增語及道相智一切相
智有漏無漏增語及道相智一切相智有漏
無漏增語此增語既非有如何可言即一切智

無漏增語此增語既非有如何可言即一切智
若有漏若無漏增語是菩薩摩訶薩即道
相智一切相智若有漏若無漏增語是菩薩
摩訶薩善現汝復觀何義言即一切智若
生若滅增語非菩薩摩訶薩即道相智
一切相智若生若滅增語非菩薩摩訶薩耶
世尊若一切智生滅若道相智一切相智生滅
尚畢竟不可得性非有故况有一切智生滅
增語及道相智一切相智生滅增語此增語既
非有如何可言即一切智若生若滅增語是
菩薩摩訶薩即道相智一切相智若生若滅
增語是菩薩摩訶薩善現汝復觀何義言
即一切智若善若非善增語非菩薩摩訶
薩即道相智一切相智若善若非善增語非

若道相智一切相智善非善尚畢竟不可
得性非有故況有一切智善非善增語及道相
智一切相智善非善增語此增語既非有如何
可言即一切智若善若非善增語是菩薩摩
訶薩即道相智一切相智若善若非善增語
是菩薩摩訶薩善現汝復觀何義言即一
切智若有罪若無罪增語非菩薩摩訶薩
即道相智一切相智若有罪若無罪增語非
菩薩摩訶薩耶世尊若一切智有罪無罪
若道相智一切相智有罪無罪尚畢竟不可
得性非有故況有一切智有罪無罪增語及
道相智一切相智有罪無罪增語此增語
既非有如何可言即一切智若有罪若無罪
增語是菩薩摩訶薩即道相智一切相智

道相智一切相智
既非有如何可言即一切智若有罪若無罪
增語是菩薩摩訶薩即道相智一切相智
若有罪若無罪增語是菩薩摩訶薩善
現汝復觀何義言即一切智若有煩惱若無
煩惱增語非菩薩摩訶薩即道相智一切相
智若有煩惱若無煩惱增語非菩薩摩訶薩耶世
尊若一切智有煩惱無煩惱若道相智一切
相智有煩惱無煩惱尚畢竟不可得性非有
有故況有一切智有煩惱無煩惱增語及道
相智一切相智有煩惱無煩惱增語此增語
既非有如何可言即一切智若有煩惱若無
煩惱增語是菩薩摩訶薩即道相智一切相
智若有煩惱若無煩惱增語是菩薩摩訶
善現汝復觀何義言即一切智若

出世間增語非菩薩摩訶薩即
切相智若世間若出世間增語非菩薩摩訶
薩耶世尊若一切智世間出世間若道相智
一切相智世間出世間尚畢竟不可得性非有
故況有一切智世間出世間增語及道相智一
切相智世間出世間增語此增語既非有如
何可言即一切智若世間若出世間增語是
菩薩摩訶薩即道相智一切相智若世間若出世間
增語是菩薩摩訶薩善現汝復觀何義言
即一切智若雜染若清淨增語非菩薩摩訶
薩即道相智一切相智若雜染若清淨增語
非菩薩摩訶薩耶世尊若一切智雜染清淨
若道相智一切相智雜染清淨尚畢竟不可
得性非有故況有一切智雜染清淨增語及道
相智一切相智雜染清淨曾語此曾語既非有

相智一切相智雜染清淨增語此增語既非有
如何可言即一切智若雜染若清淨增語是
菩薩摩訶薩即道相智一切相智若雜染若
清淨增語是菩薩摩訶薩善現汝復觀何
義言即一切智若屬生死若屬涅槃增語非菩
薩摩訶薩即道相智一切相智若屬生死若
屬涅槃增語非菩薩摩訶薩耶世尊若一
切智屬生死屬涅槃若道相智一切相智屬生
死屬涅槃尚畢竟不可得性非有故況有一
切智屬生死屬涅槃增語及道相智一切相智
屬生死屬涅槃增語此增語既非有如何可言即一
切智若屬生死若屬涅槃增語是菩薩摩
訶薩即道相智一切相智若屬生死若屬涅槃

即一切智若在內若在外若在兩間增語是菩
薩摩訶薩即道相智一切相智若在內若在外若在
兩間增語非菩薩摩訶薩耶世尊若一切智
在內在外在兩間若道相智一切相智在內在
外在兩間尚畢竟不可得性非有故況有一切智在
內在外在兩間增語及道相智一切相智在內在外在兩間增語
此增語既非有如何可言即一切智若在內若在
外若在兩間增語是菩薩摩訶薩即道相
智一切相智若在內若在外若在兩間增語是
菩薩摩訶薩善現汝觀何義言即一切
智若可得若不可得增語非菩薩摩訶薩
即道相智一切相智若可得若不可得增語非
菩薩摩訶薩耶世尊若一切智可得不可得
若道相智一切相智可得不可得尚畢竟不
可得性非有故況有一切智可得不可得增

菩薩摩訶薩[illegible]
若道相智一切相智可得不可得尚畢竟不
可得性非有故況有一切智可得不可得增
語及道相智一切相智可得不可得增語此
增語既非有如何可言即一切智若可得若
不可得增語是菩薩摩訶薩即道相智一
切相智若可得若不可得增語是菩薩摩訶
薩復次善現汝復觀何義言即預流果增語
非菩薩摩訶薩即一來不還阿羅漢果增語
非菩薩摩訶薩耶具壽善現答言世尊若
預流果若一來不還阿羅漢果尚畢竟不可
得性非有故況有預流果增語及一來不還
阿羅漢果增語此增語既非有如何可言即
預流果增語是菩薩摩訶薩即一來不還阿
羅漢果增語是菩薩摩訶薩[illegible]

薩摩訶薩即一来不還阿羅漢果若常若無常增語非菩薩摩訶薩耶世尊若預流果常無常若一来不還阿羅漢果常無常畢竟不可得性非有故況有預流果常無常增語及一来不還阿羅漢果常無常增語此增語既非有如何可言即預流果若常若無常增語是菩薩摩訶薩即一来不還阿羅漢果若常若無常增語是菩薩摩訶薩善現汝復觀何義言即預流果若樂若苦增語非菩薩摩訶薩即一来不還阿羅漢果若樂若苦增語非菩薩摩訶薩耶世尊若預流果苦樂若一来不還阿羅漢果樂苦尚畢竟不可得性非有故況有預流果樂苦增語及一来不還阿羅漢果樂苦增語此增

苦尚畢竟不可得性非有故況有預流果樂
若苦增語及一来不還阿羅漢果樂若苦增語此增
語既非有如何可言即預流果若樂若苦增語
是菩薩摩訶薩即一来不還阿羅漢果若
樂若苦增語是菩薩摩訶薩善現汝復觀
何義言即預流果若我若無我增語非菩
薩摩訶薩即一来不還阿羅漢果若我若無
我增語非菩薩摩訶薩耶世尊若預流果
我無我若一来不還阿羅漢果我無我尚畢
竟不可得性非有故況有預流果我無我增
語及一来不還阿羅漢果我無我增語此增
語既非有如何可言即預流果若我若無我
增語是菩薩摩訶薩即一来不還阿羅漢
果若我若無我增語是菩薩摩訶薩

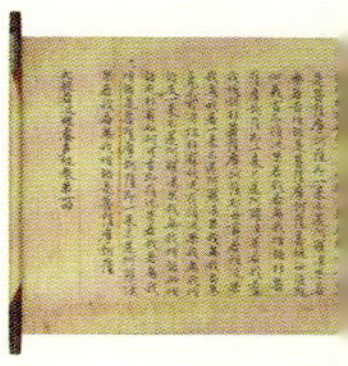

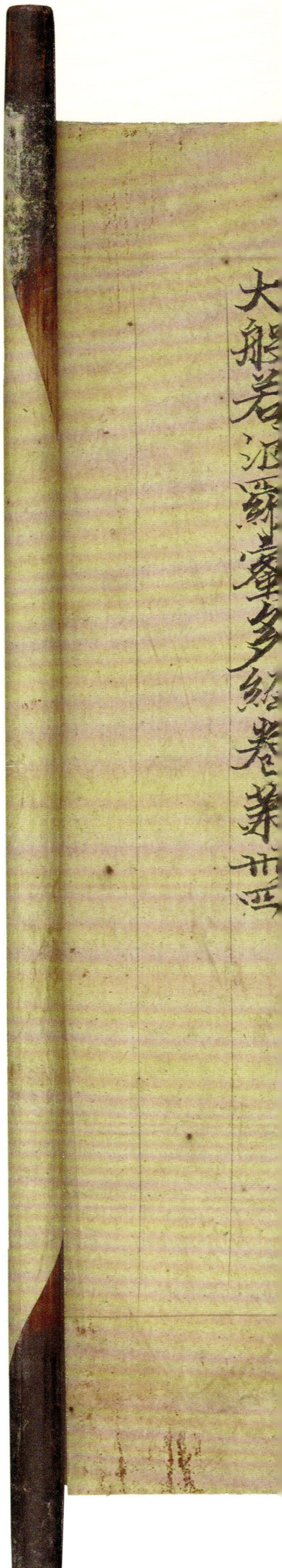

BD00916　大般若波羅蜜多經卷三四

BD00917 四分律戒本疏卷一

752.5cm × 30cm

无曰……戒法有為不能
明能發之緣既有其緣必有所得故此第二
以位階聖凡就殊男女說緣不同四分律并五種受戒
三名三語四曰八敬五曰羯磨斯之五名倫如常釋 第二言
而論不出二種一曰作戒二曰无作戒 言作戒者方便身口造趣營為稱之為
作二无作者一發續現四心三性活求恒有不藉緣辨字曰无作斯之二種
俱有熏防同稱為戒若也作戒以色為體 言无作戒非色非心 第三
次辨隨戒二門者第一專精不犯第二犯已能悔 言專精者上門之流
一往順教思離善門稱曰專精但持有二一明止持二明作持 言止持者
念智捨等護身口不造諸惡稱之為止止而无違順受光潔故名止持
言作持者奉順聖教作法作事對事作法稱之為作作而順受故名作持
第二犯已能悔者不謹之人放縱身口違禁興過不備善門汙本所受
名之為犯 慚愧追謝還令復本亦名為持雖非一往善哉然出致而還
復第二句法故名犯已能懺悔持 然犯有二一者作犯現違聖教廢
造諸過稱為作犯二者止犯不准教奉循止而有違故名止犯 對斯
二犯悔而還復 並稱為持上來已并教之宗而其准受隨之若无其

受別門無所疑以有受及衆門得生若无随門便有戒羸等失以有随故
今受先案及地持云此二種戒攝受无量諸餘淨戒受及須受随法
說受門中廣釋緣起所受緣後辨受体 言受緣者八門解之 第一釋
名第二解其物別第三能兼教人師徒位別第四教所被者聖凡不等
第五藉緣多少第六弁此諸緣發戒時節第七受捨漸頓第八校量
勝劣 第一釋名者諸部立名多少不定或五四受言无上法或立六受取
律中八皆立內自稱皆立受自誓受戒不說立之今約四分宗立五受 言五受
者謂善來上法三語八敬羯磨等是 言善來者此人宿植妙因道根淳熟
聞仏說法契證初果深厭生死悕求出家仏言善來比丘即發戒品故名善來
名可此等諸人深厭生死悕求出家仏命善來即發具足故名善來 言无上
法者性空之理超出相有物莫能加故稱上法如須迦葉備道進德感盡
解滿會增上法而發具戒故名上法 名可盡无生智超出子表會而得戒
故名上法如母經云中速之根上受具足 言三語者此等諸人未感如來玄增見
道但託小聖諸阿羅漢等以為良緣名深厭三有悕求出家母云諸羅漢
等教令剃頭除衣歸依三寶深厭依心戒即發具足故名三語 言八敬
者仏姨女人不聽在家波闍聞之將生厭離遂自剃頭倚立祇洹而難見已

者仏稱女人不聽在家波闍聞之特生厭離遂自剃頭倚立衹洹而離見已
為其三請以八事遥宣敬法阿難傳受要道聞之尊默法作奉行之意
即發具足故以敬言羯磨者斯等人背要假强緣扶彼弱因方能發
戒緣彼僧衆羯磨言下而發戒品隨其能秉就所秉彰名故羯磨
受戒此五受法得名有四来善轉境善謂八者求戒心来聖發故
或可讃嘆受名有以受戒仏言善来故尓上法從境又可當轉受
名遠生善根上受具足故謂盡無生智得敬二受約境就心羯
磨從教亦可切說謂名雜事故第二物別四受是別羯磨是物從
遠緣彰名或四或六而羯磨統收故說為物然門羯磨受戒既有四緣何
故獨彰羯磨餘不彰名者何一釋云從餘緣彰名乃有多種今且羯
就通以彰名羯磨何足爲妨第三秉人多論判言見諦自得餘六從
他彼對七受釋故今顯彼論以判此五遠而言之盡從仏受以仏出世有是
法故若以義推上法得戒名為自受餘諸四種是從他得云何上法名為
自受論云以根本而言由仏說法得證無漏發於具足名從仏受子義
而推自以盡智明現前而得具戒又名自得不從他受故以論云若法者
仏五比丘受師等名尓何以論云從他教得若此據遠因而說善来八

敬受仏所秉名從仏受三歸羯磨弟子所秉是從弟子言教下得 苐四
所被分別四分律并善來受戒屬在聖位故律中云見法得法得果證已
去得无漏解脫 以出家至順之極方應善來及具足戒內凡已還想心所
測非至順之極及淵不度 又上法受者要兼四果 以其惑盡解脫故尒 三歸
八敬內凡已上受 以多論此二受法不羸不捨故知內凡已去 言羯磨受者始
於有凡一念已後三人通被 如涅槃經淨行梵志得初果已羯磨為受 四分
律中蓮花色尼度闍此例 苐五藉緣多少 善來受戒具四緣得 一證
初果 文言見法得法已 二內有出家善心 文言歡於如來法中修梵行 故
三假對仏示 文云剃白仏言 四假仏教 謂聖命善來 上法受戒具三緣 苐一假仏教
授 如見論說 二有祈戒心 是以餘文羅漢沙彌无出家意 故但得其果 明須
有心 三得无漏空解 謂盡智現在剃 即得具戒 三語受戒亦具三緣 一假弟子
形對諸羅漢 二假弟子教 謂口受三歸言辭无缺 三歸依心成領剃歸依
故能得戒 八敬受戒具四緣 苐一假仏八敬之教 二假弟子於三弟子教謂口宣
八敬 四奉行 云意故受 遂自陳我等須受 羯磨受戒具足四緣 如律所說
一僧數滿足緣 二教法成就緣 三結界成就緣 四身无遮難緣 若具此四是大比
立得戒 戒本犯戒之人四中若闕非大比丘 故須此四方成比丘 問 善來等受

立得戒戒本犯戒之人四中若闕非大並故須此四方成並 問善來等受
以心為緣羯磨一受何故不尔若羯磨非不有心以微外緣作法從强 以弁故
設因名又可羯磨四心俱得恐濫不弁心緣 又唯母論別四心為緣羯磨一
受雖文不列要亦須心故律文云眠醉狂等不得戒故 第六得戒時節善
來受者略善來竟即發具足故律云乃至得盡苦原 上法受戒盡形現前
時得以示柔而齊羅漢梵行已立自然戒淨故更不從他受戒 問此上
法得者得作无作不 答以非作法但得无作 問既非作戒何因得發无作戒者
答以非學有故无其作以道力故得无作戒 三得受戒第三語竟即發具戒
八敬受戒說第八說即得戒 品羯磨一受羯磨竟便發具戒諸論大同 第七
受捨漸頓 先明受漸頓羯磨一受名漸名頓餘之四受頓而非漸 如何羯磨
漸頓 先受五戒次受十戒後受具戒是名為漸 若不受五十直受具戒得
三種戒說之為頓 問若一時受得三種戒者何須漸受 答藉習仏法必
須次第先受五戒以自調伏億樂漸增次受十戒善心轉深次受具戒
如是次第得仏法味好樂堅固雖可退敗不失次第不破威儀如遊
大海漸漸深入 一時受者即失次第又破威儀故漸受 問一時頓受得三戒
者其无作躰為一為三 答但發具戒一无作躰更无餘二无作之躰 若尔

若其无作躰為一為三若從具戒一无作躰更无餘一无作躰
便受一戒如何言三若從旦受得防煞无作与沙弥俗人同戒者其實躰
一受以多論家釋其躰道三人始終位別言得三戒理實无三門以得縕
无三若即此論文解次第受中俗人下品五戒次中品心受沙弥戒前五戒仍本
下品五戒外發方為中品上品心受具本前二品仍擕下中五十外發始為上品攝
斯以驗次第漸受三時心別因戒无作尚不發三起況一時受者而得有三故
知漸次位別作三非躰有三之可心論云一切因一切支得三戒者三時漸受已
既時別重發无作有三躰故若論頓受既一時方可名為道位為三非躰有
三次解捨之漸頓若望四受之捨俱頓羯磨捨受並含漸頓為但羯磨一受之
制局漸捨兼頓門羯磨頓受既得三戒捨時云何若義含漸若世要心三戒
俱捨則頓失三是名頓捨若言我作沙弥但捨具戒言作優婆塞者又捨十
戒又言我三歸人方捨五戒名為漸頓門受之与捨俱頓並漸或以漸受頓
捨此三可尓若本頓受但得具戒一无作躰云何漸捨若得漸捨便成三躰如
如何言一時受防煞无作通沙弥俗人共有防非是故捨時要心捨具不捨十戒
若与沙弥戒同隨一則在故律文言我作沙弥以十對五義名同尓故言我作
優婆塞是以論說據躰通三人有共用義故道位說三非躰有三如此釋時
頓受漸捨義亦无妨故多云譬如樹葉夏青秋黃冬時則白豈躰有殊

頓受漸捨義亦無妨。故多云：譬如樹葉，夏青秋黃，冬時則白，豈并有殊，
隨時異故。樹葉色異，而始終一葉。戒亦如是，常是一戒，隨位異故，是以羯磨一
受，受已捨俱頓。並漸善來等四，准頓非漸，以無作法捨故。第八優劣，如多
論說：若就實患有無，四受是勝，羯磨爲劣。若取任持佛法利益究長，羯磨
一勝，餘四受劣。言四勝一劣者，羯磨受者，內實凡夫，福德淺薄，感得此戒，多
諸突患，容有缺上折下，奉持心劣，令戒有羸。餘四受法，內凡已去，理解心中
受得戒，持心堅固，肥而不羸。二者羯磨凡夫，容有不樂道法，捨本所受；
餘四受法，樂道情殷，理無退捨。三者羯磨容有轉爲二形，餘四受法，復無
此變。四者羯磨受人，或起邪見，斷捨善根；餘四理解，不斷善根。羯磨一受，或
有上四，故稱爲劣。餘受法無前過非，是以名勝。此對始學，若聖人受，多是其勝。
言一勝四劣者，羯磨一受乃具六義：一受時長，謂通現未；二處遍，三方除鬱
單越；三報，兼男女；四位，說凡聖；五被無數；六多坐作法。以斯諸義，佛法始
終，以白四羯磨爲宗本，能繼續三寶，作無邊利益，有住持之功，莫大羯
磨，故說爲勝。餘四受中，善來一受，終盡雙林，自外三受，中間即止，又局閻
浮，不該餘二；凡聖位善報，局男女，對前義乖，名闕少，始繼功微，故稱四劣。差戒緣
第二次弁受體狀，出門料簡：第一釋名出體，二戒先後，第三受隨同異，第三
…受戒家第四受名少第一言釋名者戒…

并發戒緣。第四思發多少。第一先釋名者。戒相雖衆，義要二種：一作戒，二
无作戒。先釋別名，作与无作，次解通名。六目之戒。言作者，謂方便身口起動
造作稱之作。故論云：作者，身動方便；言无作者，身動滅已，与餘識俱，彼法隨
生，名爲无作。如善受戒，穢汙無記心在現前，善戒隨生，惡戒亦尔。次釋通名戒者，此
作无作俱有懸防威稱爲戒。依善生經通之道，有五名：一名爲制，斷一切諸不善
故名爲戒。又名迮隘，雖有諸惡，住不容受，故名爲戒。又名清涼，遠熱煩惱，令
不入故。又名爲上，能上天堂，至无上道。又名學，調伏心智，故名爲戒。此之五戒是義
用釋名。是故從用立名，稱之爲戒。然於五中，迮隘、清涼是義，餘三用名。
問：何故得知有作无作？答：論諸處明二種戒。解一如論第三羯磨剎那作及无
作根本業道。又云：身口作有二：有對，身口无作俱不可見无對。二多論云：初念戒
有身口教及无教，第二念唯有无教，无有〻教。三十住毗婆沙云：律儀善根
有其二種：一者有作，二者无作。〻〻者是色，无作非色非心。以斯文故，明知戒有二
種。問：何須作无作者？答：若无其作，无作无所從生；若无〻作，不可〻〻防非發用。
戒此從言身，如上法得戒，以道力故得无作戒。次戒體，若依多論，作无作戒並是
色法爲體，此義可謂。六種分別：一有爲无爲分別，二戒俱是有爲法聚，非三
无爲故。第二有爲中三聚分別，作无作戒並是色法爲體，以及四相不相應法是
非心戒因故論云作及无作皆色是分別色心第三色心聚中三色分別二有見有

其戒因成論云作及无作假色是三別色陰云第三色聚中三色分別一可見有
對色謂色入二不可見有對色謂五根四塵三不可見无對色謂法入中无作之若
竟作戒前二色收无作戒者第三色攝依伽心二論云身作可見有對口作不可
見有對身口无作俱不可見无對論其身作前二色中唯色入攝口作戒者
是聲入攝非餘八色其二无作並法入攝此作无作俱是色陰云第四就色聲中報
方便分別色雖通報及方便並身作是方便非報故心論云作者身動身方便
口作唯方便以聲非報法故身口二无作非報非方便第五三性分別身口色
聲是善非餘兩故心論云以清淨心動身口名善作等即向物色有廿種前十
二唯无記後八言下長短方圓正不正通三性局取善邊身作戒體三聲之
中謂除第二因不受四大聲如風雨等唯无記故就初因受四大聲第三因俱聲
此二通三性中急取善聲邊為口作體說論身口无作通於三性今論戒故是善
性攝第六始終分別此善作中通於終始不取始謂始從請師終至羯磨
未竟要以未發善而非戒第三羯磨一剎那頃期要心滿願發發就善而是
戒故局取終並依淨宗无作之戒定用非色非為體作戒者取文不云或有取
文色以為體故論文竟業者非直音聲要以心力助發故知身業業必以心力助
發明知二業色入為體又引論文以心為體是故論竟離心无思无身口業故知

或明知二業色入為體。又引論文以心為體。是故論竟離心无思无身口業。故知
二業用心為體。又假色為身口業體。故論云身口業依止四大，意業依心。若身口業
非四大為體性者，意業依心亦不應以心為體。然意業依心，故即說意業用
心為體。故知身業以四大動為業，无別體，即用四大作體。口業者四大相繫於中
出聲或音曲有所表彰，以為字句為口作業，業无別體，用聲作體。是以論云
是法名聲性法入所攝。故以遠從四大即聲或，故用聲為體。身業遠依四大
故即用所依心為體。次明二戒先後依止論說似一時得，故文竟第三一念作无
作根本業道有多云。初念戒有教无教，後次生戒但有无教，无有有教。故知
一時然无作三時有非者。一者因時无作但是作俱，是非全戒體。二身是果
時无作，作有二：一是作俱，二是戒俱。戒俱一種方是戒體。三謂果後唯局戒俱。
此是體。以其果時有戒俱故，明一時得。若依此宗以先後發故，實云何名
為无作。若第一念須名為无作，以作戒為初念故，名无作為第一念，唯稱麁
竟所有无作是蘊戒體。前二時中位是能，中位是能俱所攝。又善生經方便
以果作時，以果衆緣和合得名為作。然因緣發生无作已過去，唯有无作其
以離在要无記中本所業不名漏失。擾斯以辯明先後發。第二受隨同異。昔
解受隨義一，辟如一播能捍衆敵。為破斯義，故立此受隨二法并作无作。先解
无作有其七種：一道共无作，二定共无作，三戒俱，四要期，如日夜及處中要其

无作有其七種一道共无作二定共无作三示俱四要期如日夜及齋中要其
等五隨業无作如隨戒无作及齋中隨作業發者是六事无作如塔寺橋
船等事在時念念發无作等七隨用无作即前事在有人用時復發无作者
是就此七中示俱定受要期通二餘五定隨 次弁同異受隨无作同義有三
謂名體義異便有六 第一受中无作義約一品隨中无作乃有優劣言受中无作一
品若本上品心受亦發无作以增上心戒名上品或容犯罪或至羅漢更无增減
以其本一品心故中下心義亦同然三品各定故言義約一品隨中无作多
品不定故優劣對五篇弁此優劣者若就根緣稍勝乃至五劣若自分勝
進五勝乃至分劣即應五篇次第之義又可一一篇一一戒以有增微事別不等
即有九品之持故隨无作有斯階降 第二物別受中无作發以物物斷一切惡意
於生非生數頓滿律儀故稱為物物隨以无作次第漸成不可頓起故名為別
第三懸對受中无作懸有防非未即有行隨中无作對事防非行成巖潔 問懸
未有非對即隨行受有何用 答若无其受隨不成隨以其成一治故 第四長短
受是形俱說以為長隨行无作從脩行發非形俱故目之為短 第五有无者
受中无作通三聚唯善隨无作者聚非二性名不通兩此優越性分別受隨俱
善餘二並狹今約有无有通不通受是形俱通在餘二性中故說為寬隨是作俱等

善，餘二並狹。今約有無有通不通。受是亦俱通，在餘二住中，說誘為寬，隨是作俱等
局善住中，所以是狹。此戒一向自作為寬，若先後以及以教人，餘二住中隨互通，有
如教相所詮犯不犯中並同，此狹故。犯行中無不犯行，若通說先後中心及教人犯行
中亦有不犯行，此即受隨俱寬。作此解者，並須約以為三：若局善住，俱狹，受隨同
善住故；若隨人等，俱寬，以命通三住故；若以作自隨行對受，分別方狹有寬，此唯多
論有四五不同。若實依論，不別寬狹長短，並復受中無作亦是長，寬是無作者
具於二種，以道無作寬長尒。第六受根本是，隨是枝條。次解二作同異，同義有五；
謂名、體、義、寬狹、長短等不同。有四：一、名多品；二、物別；三、意緣對；四、根條。此說可知。既
有此殊，豈同昔解受隨義一。第三辨發戒緣者，若依薩婆多，別解脫戒唯約見在，
以過未非衆生故；若准依宗，發戒之時，不在過未，以得戒以非衆生故，現在相續心中
發戒，以是衆生。然受戒時，要須三世境上所有之惡皆作斷意，方能發戒，還防三
世境上非。所以然者，過去之境能生惡心，故論云：如人供養過去，六尊是亦得福，律儀
亦尒。未來之境亦生惡心，故須善緣物然作斷意，方能發戒。又若過未不發戒者，
三世諸佛戒不齊等，以其諸佛戒品齊等，故緣三世以發戒也。問：戒防未非，毗尼
殄已起，何故得無緣三世境，發還防三世非也？答：境雖過去，非已過去等。以斯義
故，猶防未非，受以消尒。第四發戒多少：諸戒雖衆，不過二種，謂作、無作。作已過去，唯
有無作一形相續。此無作戒乃有多品，以所防之惡既有無量，戒寧是一。故多論云：

有无作一系相續此无作戒乃有多品以防之惡既有无量戒寧是一故多論云於
一切衆生數非衆生數而發律儀　言於衆生數者上至非想下至阿鼻可煞可誑
不可誑等一一衆生乃至如來就根本而言不過有身口七惡三因緣故一貪故起七二
嗔故起七　三癡故起七　三七廿一惡對防此惡受戒之時謂從无貪等三善根心各
得身口七枝合廿一種戒　善乃至三千大千一一衆生皆名如是若十戒五戒得十二種戒故心
多二論於一切衆生一切時戒不斷或廿一種故經云衆生无邊戒亦无邊若非衆生
數乃至草木生種大地非法衣食等及一一罪處奉受戒時要期不作還得示
所戒善功德故善生經云大地等无邊戒亦无邊出家僧尼仏聖弟子尊位人
天定由於此又唯了論四万二千福河謂四万二千學處一切恒流其猶河水洗除
破戒煩惱　言四万二千者根本戒有四百廿六以來者如婆藪汁律戒有二百多明輕戒
優婆提舍戒有一百廿一多明重戒比丘尼別戒九十九合成四廿是一一戒有攝僧等
十功德一一功德能生十種正行謂信等五根无貪等三及身口二護一戒即有百合
戒有四百廿豈非四万二千又无貣毗尼者謂第三羯磨竟時四万二千處學一時並
起无一戒不生故稱无貣擾斯以驗故知戒量不可勝數　問僧尼二衆戒數各云何
以无貣毗尼直言四万二千耶　解此擾二種通說亡若取實理名随本戒二約持根義
釋俱有四万二千　上來受戒法门辨了自下随戒奇文中說
第三正釋戒經題曰

波

[illegible]上[illegible]新[illegible]下隨[illegible]音文中說　第三正釋戒經題曰
言四分者蓋是一百年後五部之內一部之別名言戒者是毗尼都教之宗然大
聖如來始從婆羅柰終訖泥洹（洹）隨根制戒輕重差殊緩急有異仏泥洹後優婆
離等撰仏遺言載傳竹帛次第任持乃至毱多一百年並以兼宗无二化衆生
不相是非但有一部大毗尼藏備傳於世然優波毱多有五弟子各執一見以為楷
准至傳聖教不能均融齊一於是分離遂為五典各自相傳並流季世究其宗
旨无非仏說如破金杖並為金用物別之教咸可受持本一今別義出於世又稱藏
傳云百年後分為五部二百年後為十二部四百年後分作十八隨相雖有多種莫
不皆是一大毗尼藏故文殊請問經仏說偈言（曰）摩訶僧祇部分別出有七躰毗尼十一是
為廿部十八及本二悉從大乘出无是亦无非我說未來起據斯以論明知四分名
者於多部中一部之別名若就能秉應言曇无德戒本此名法護今約所誦章
名故言四分四誦成部同以名焉今此戒經從彼律出故言四分戒本隨文釋中文雖浩博
聖凡見異分釋多種不定今且約一義文分為三一者序分二者正宗三者流通初定
三文第一從稽首礼至如是持已來名為序分第二從四波羅夷法至七滅已來名為
正宗第三從七佛已下至共成仏道是流通分次釋此三名顯宗由致發起之端名之為
序此五篇七聚及七滅法正明犯以不犯輕重等相被時之益正當聖意當
於序共天當機感故曰正宗法傳季世目之為流而不擁名之為通故曰流通　初釋

於序共大當機感及曰正宗法傳季世目之為流流亦不擁名之為通故曰流通 次釋
所以者說經由序制戒必有由藉故須序為說彰宜宣宗本故此正宗正說
之文盡唯現在急欲聞濟大文流傳像季末代等聞企偈同悟故須通流說者
序中復分為二 初十二偈正明律主將欲流傳聖教被乃及遐遐代以爲時
不信歸敬三寶讚戒功能勸信奉持是故自作廣略二教通序前
開持毀之義以戒說驗之本 第二從和合已下是二教大宗發
起之序於斯二序六門解釋一明二序意三義故尒又有師從謂曇无德如來之
別二時有現未三經時不同以來經者出於金口曇无德經傳於外表以斯三異得
有二經經有二故須立二序 第一序名不同說法以弁勸信發起若也約人曇无如來
雖名有殊且約前說 第三總別偈序是別長行是總總別可知 第四所明旨異流[illegible]
聖教非信不傳故此偈序讚歎戒功勸信奉脩以明序義 和合以下大聖欲明被時
之益輕重等相故彰發起 第五先後次第 問發起前共及在後說勸信偈後
迴在前明所以尒者 答二種一不便故作如是一章章制戒之相隔於勸信發起不便二
顯曇无德勸信不具若勸信前明順前兩義故迴發起勸信後說 有可不勞 為
妨理而言之勸信之偈乃在流通事後何以不對正宗等以弁先後故知不尒 但
勸信雖後法須前明 第六隨文判釋偈文分三 初稽首禮三字是云何敬敬云儀式

□□□法法名以義隨文判釋依文有三初稽首禮三字是云何敬已云儀式
二諸仏已下七字是何所敬顯所敬境　三今演已下是何敬彰其敬意所謂略廣歎
戒勸信　稽首禮　次明能敬之辭頭頂點足身業致虔故曰稽首　天稽首者至世
首者頭也次乃稽首謂屈膝至等八者身口意業身業恭敬禮口業稱揚讚歎
意業信敬尊重此就能敬人業具於身口意并若局明敬辯其唯信數
諸仏及法比丘僧　次明所敬之境　衆聖非一稱之乃諸宜敬敬主命兼礼餘仏者顯
教道理均化儀无二諸仏平等故須普敬　仏者西音此方稱覺見具一切智通達
諸法自覺覺他三覺圓滿故名為仏　已上稽首過通下二句之為　及所説法者有其二義
一就體解法名自體　二就用釋名法行者執别所説比丘是西音　智度論中
三義解釋　一名乞士二意以乞一為資身去遠離四邪命正命自活故名比丘　二為益
施主僧田小施獲反報之福是故須乞　二名破煩惱比丘名煩惱能破煩惱
故名比丘　三曰怖魔能怖於魔及魔人民故名怖魔具足三義故曰比丘　所言僧
者正是西音此名和合謂四人已上於理於事絶去為諍名和合衆　比丘者能
成之因僧者所成之衆物惣别合舉故曰比丘僧　此三種境世所珍貴咸稱為寳　三
寳不同略有一體别相住持九種之異義如經論廣辯　今演毗尼法令正法久住
從此已上章其敬意有二　一就别敬　二約物惣敬　言别敬者敬仏意之一仏是教主將傳聖
教寧不致虔表師資有在　二報恩供養　三開示蒙尊奉之義　四請威加護　故喜

教寧不致虔虔表師資，有在二報恩供養。三開示僧尼尊奉之儀。四請威伽護。敬法
三意。一法是所傳之音，真益翔衆，故互敬。二示尊奉之儀。三請威伽護。次物教三意
雜心論云：開發衆生三寶念，是故稽首礼三寶。成實論云：三寶最吉祥，故我經初說
令律主敬者，爲毗尼滅勸時生信，禀化相傳，有久住之益，是其大意。先解
初文於茲昧宣故，今滅毗尼，西音此方稱滅，冠藏由於行教，就解彰名故說
此教爲毗尼之名，乃有多義。如三藏義說：一能引生是毗尼義，謂第三羯磨
竟時能引生四万二千功德一時並起。二能教身口清淨及正直是毗尼義。爲
離業濁損惱濁，故名身口清淨正真，故向涅槃。三有滅義是毗尼義，性離諸
惡業非不生，故名爲滅。四引勝，故名毗尼，謂引俗入道，引小入大，令凡入聖等五勝人
所以是毗尼義，謂一切聖人同行此法，物攝律教一切都盡。既有多義，今翻滅者謂
能得於滅，且當第二句涅槃第三滅義。但經論彥明滅義，今且略弁少多所竟。正
法之難有四。今約行教二法而明正法，故善見云：仏語所難我滅度後有五種法令
法久住。一毗尼者是汝大師。二下至五人持律在世。三若有國中十人邊地五人如法受戒
四乃至有廿人如法出罪。五以律師持律故，仏法住世五千年。又論說：竟衆八之執稱爲
正法之由人弘能通法，法在人，人及更興，不墜。故今令正法久住。戒如海无涯，如寶求无厭欲
護聖法，聚衆集聽我說。此七偈略嘆戒功勸境奉脩，所防之惡既有无量，寧能防

之戒寧有涯際故經云說完衆生无邊戒亦无涯七寶之珍世所貴求之无厭七善
律儀聖人所尊智者脩學而无疲勞求之无厭五早珍寶轉往不淨愚人常護
勸令脩學等七法能資聖道故名為財智者常護勸令脩學戒律法門故曰聽我說
欲除四弃法及截僧殘法彰菩薩衆集聽我說　此偈文勸捨極惡不善之業而令稱
學涅槃正因故多論說戒有四義餘經所无一者戒是仏法平地万善由之生長　二者
諸仏弟子皆依戒住一切衆生由戒而有　三是趣涅槃初門　四是仏法瓔珞而能莊嚴
諸仏正法以此義故持戒之力能滅諸惡故勸聽說　毗婆尸式弃毗舍拘留孫俱那含
牟尼迦葉釋迦文諸世尊大德為我說是事我今欲善說諸賢咸共聽　此偈之
文引仏在證廣略二教七仏同說是故我今勸令奉脩聽徒非一諸並有和耳之斉
稱賢兼仁者齊志詳喩故云咸共聽　譬如人毀足不堪有所涉毀戒亦如是不得
生天人欲得生天上若生人間者常當護戒足物令有毀損　此二偈文而明持犯兩法利
明彰其毀犯後乃況其護持人欲遠涉事必須其脚足若欲遠至涅槃應
存戒品具足人足既損難遊遠涉若戒足闕沉溺三塗故令勸令護戒如足是以經說
如人无足欲行遠路如鳥无翅欲飛昇高如海无船欲度彼岸是不可得若无淨戒
欲得聖果无有是處是故護戒勿令毀損　如御入嶮道失轄折軸憂毀戒亦如是
死時懷恐懼　此偈明毀戒之義御以喩身轄喩律儀軸喩根本若失小戒即犯根本

死時懷怖懼　此偈明毀戒之義。御以喻身，轄喻律儀，軸喻根本。若失小戒即犯根本。
故涅槃云：勿輕小罪，以為無殃。水渧雖微，漸盈大器。毀戒之喻亦復如是，不護小戒即有犯
重之憂。故四分律云：破戒之人有五種過：一欲自害，二智者所訶，三惡名流布，四臨終生悔，
五死墮地獄。以此義故，勸令奉脩。　如人自照鏡，好醜生欣慼；說戒亦如是，全毀生憂喜
此偈法喻。如相合鏡喻淨戒，好醜喻持犯。若戒全持便生喜悅，若毀戒者乃有
憂悲。故毗尼沙云：戒如明鏡，無戒像現；戒如瓔珞，能嚴相好。若照淨戒，毀犯乃見。故
言憂喜。　如兩陣共戰，勇怯有進退；說戒亦如是，淨穢生安畏　此偈明進脩持犯二門。兩
陣喻持犯，勇怯喻勝劣。戒行若全便進聖果；以毀戒故退墮惡道。持戒不犯便有涅槃安
樂；惡戒因緣，畏失證勝報。智度論云：破戒之人亦不敬其處，如冢，辟如羅剎惡心
可畏，如大病人，人亦不近；辟如毒蛇，難可共住。常懷怖懼，我為佛賊，乃至臨終生悔而無
安樂。持淨戒者，諸天常護，正法不斷。故花嚴云：具足能持諸威儀，教授以法常和
敬，善御大衆心無憂。去來今佛共同讚持戒因緣，法久住，是人能報諸佛恩。又云：戒是
無上菩提本，應當具足持淨戒。若能堅持於禁戒，則是如來所讚嘆。　世間王為最，
衆流海為最，衆星月為最，衆聖佛為最，一切衆律中戒經為上最　此偈以勝比劣。世王能
護，故名為最。大海深廣，是故名最。月體圓滿，故名為最。佛具衆德，是故名最。戒含多義，
是故名最。故經說言：以因此戒得生諸禪及滅苦智慧，如海淵廓，深潤無涯。戒善理
緣資潤無窮……

滌資潤無窮超於萬行喻若於海若就行論定除細亂惠斷煩惱以是勝根餘往
別戒是根本定惠從生戒復是勝約教并者餘經定惠故三藏勝若從根本此尼為勝
今言最者根本故最摩訶論云最有四種一生善勝名最二藏罪中勝故名為最　三相引
故勝依有漏戒得無漏戒是故名勝四相益故勝依非心戒起於心戒可勝寶非戒不起
故戒經為上最　如來立禁戒半月半月說　此半偈結前嘆戒勸信諸文畢意難明寄言
以彰申境讚美立宗勸信若久談致即廢所通之法宜掩己情息嘆歸礼上來廣略二
教通序文畢自下廣略二教發起之意各分其三謂序正流通　和合僧集會　從此已下是
明發起之序四分律云時有與同師知識別部說戒法當尊重承事恭敬布薩說一處住和合說戒
遠者與罪然言有三種合和一應來者來二應與欲者與欲三現前得呵者不呵反此別眾
言僧集會者謂同一界皆應相喚是然所教作法之時共集一處若多若少乃至一人
以念說戒是名集會　未受具戒者出　謂異眾儀式四分律云時有比丘令餘六眾
處說戒事然言並令出不見不聞受除人未受戒者非人未者聽之又不應在尼前
作也若有異眾乃令遠去下坐應若未受具戒者已出若無異眾應言此處無
未受戒人沙彌出時應誦五篇十數不者得吉罪　不來諸比丘說欲及清淨
此名和合之義時有病比丘不來聽戒然言應與欲及清淨隨其廣略若不見
身相不口說者不成與欲以要言之一切如法事業因緣然聽與欲若無本緣妄陳欲

身和不口諍者有戒与欲以要言之一切如法事業因緣似汗与欲若无本緣妄陳欲
法不成与欲鄣僧說戒制上成欲 誰遣比丘尼來請教戒 此明請儀式若有
受尼求請教戒者七時應起僧中唇請眾中若有具十德者即應差遣若无者
上坐應作略教授法語請人言語尼眾七者无堪教授尼人亦无善說法者尼眾應
眾應一心行道謹慎莫放逸彼若言尔若无請者下坐應答七處无尼來請教誡
僧今和合何所作為 此句明問僧所作儀式若更有餘法事皆應此時先作為无餘
事人應答說戒羯磨 上來是秉法方便 自下正作二周 大德僧聽今白月十五日眾僧
說戒若僧時到僧忍聽和合說戒白如是 此明作法儀式四分律中仏語比丘當立法
黑白二月大小兩日隨國所稱言若僧時到謂作法時至僧忍聽者勸眾詳和下白
眾知故曰白如是云又律云若有四人應作七白三人已下當三語說戒獨住比丘心念布薩若
不如是皆得吉羅 諸大德我今欲說波羅提木叉戒 此明發起正說戒序將欲說戒故標際
云諸大德者先告眾也波羅提木叉者西音七翻有別解脫世由稷此戒別弃捨種種惡故又能尅
解脫果亦得名為解脫律儀亦不為惡眾所縛故名解脫又最初隨順解脫故名波羅提
木叉是則因標果稱又律中仏語比丘聽受戒者手得聞戒不知何學聽集一處和合說之
波羅提木叉者戒也 自攝持威儀住處行根面首集眾善法三昧成就當結當說當
發起演布開現反覆分別 眾集現前默然聽善思念之 此明聽法儀式是故律云同
羯磨者集在一處乃至應訶者不訶是名如法若眾大聲小教妙高坐上而說

羯磨[illegible]
八難緣隨時略說若容舊來集數有多少說至此序告淨便聽應如律疏意
專心而聽律法是名善思念之若自知有犯者即應自懺悔不犯者默然默然者知諸
大德清淨　此句明犯不犯義所言犯者不謹之人放縱身口違禁共過不善行
汙本所受名之爲犯慚愧退謝還令復本名名爲持雖非一往善哉然名毀而還復
第二白法故名犯已能悔是故律云有二種智人有罪能見見已如法懺悔所言不犯
者上行之流一往順教惡離善行故名不犯所以律云無犯有二若本不犯犯已能悔
同名無犯若欲懺者當詣清淨比丘說犯名字如法除已方得聞戒若無犯者即
當默然表心淨故　若有他問者亦如是答　此句明相問義律云非但誦戒之時須如
是答若有餘人問答如是故四分律云如是答者譬如一一比丘相問答世是名亦如是
如是比丘在於衆中乃至三問憶念有罪不懺悔者得故妄語罪　此明違教罪四分
律云嘿妄語者得吉羅罪是故衆中問時憶念有罪即應發露若妄不憶雖嘿無
罪若正說戒時彼時憶念恐亂大衆即應心念發露說戒已後如法懺悔　故妄語
者仏說障道法　此句明違罪果報所言障道者妄語之罪能令衆僧墮三惡道不
護聖果亦障四禪及三三昧乃至四果是故律云仏告比丘如彼大海不受死屍設
有漂出我法亦尔不受死屍謂死屍者非沙门梵行自言沙门梵行犯戒惡法不
淨識汙邪見覆善内懷腐爛外現白淨似空中附雖在衆坐常離衆表衆

淨穢汙邪見覆善內壞腐爛外現白淨如空中樹雖在衆坐常離衆遠衆
亦遠彼故知犯罪方成聞戒 若彼比丘憶念有罪欲求清淨者應懺悔得安樂
毀犯法若憶初篇犯罪即應除大衆懺 若憶僧殘如律應懺乃至吉羅類亦可
知由懺因緣三業得淨是故律中佛告比丘以戒學淨便得淨定乃至智慧亦復得
淨三學淨故能引諸禪及證聖果故曰懺悔得安樂 諸大德我已說戒序今問
諸大德是中清淨不三 諸大德是中清淨默然故是事如是持 皆結成受持也由衆默
然故法事皆成雖有三問共是一法故但得一罪 上來以明序略而教 次起別序
從此已下即明序教正宗 諸大德是四波羅夷法半月半月說戒經中來 自下正宗之內總
有八門以階輕重此一初明第一第二篇一篇之內皆有三段 初標說儀 次陳本戒後問
清淨 言前一句文是其標 世下至七門皆准於此 問何以得此序教者 答僧尼不勝
名利處生有漏壞其略教是以如來隨有缺犯制處補之使犯相班程 重位別教
禁羣機有當時之益原意在此故号正宗 正宗之言不出身口正善受之与持犯相程
重但人多釋不可具録今且略撮宗義亦有二種 一者止持門相 第二者作持門相 此
二種持能攝戒經始終總盡戒本之內且從八節科義此八為五犯兩種解釋 第一
總相解釋 第二名別釋義 總相之中四門分別 第一五篇 第二七聚 第三方便 第四
持犯此位中五篇雖是究竟以其根本究竟業道是以先明雖然究竟前後眷屬

相名須識 是故七衆以為第二 七衆之義亦含輕重 五七之果茂本由因 造緣善來
不可有盡 暢思業故方便以為第三 既識過相階差 理須護持 犯為第四
欲明五篇 四解釋 第一釋位 第二辨名 第三立五所以 第四次第 第五釋位者 毗尼正善
為宗 故用能治戒門以為所明 四分律中名五犯聚 僧祇以為五篇 新以一名說 四
夷名初篇 十三僧殘以為第二篇 卅九十共為第三篇 四提捨尼為第四篇 衆學及
滅諍為第五篇 不定一篇者輕重相形 是以名篇 又云篇者類也 又說均等名
篇 各具三均 以名為篇 一者名均齊 二者體均齊 三者究竟均齊 具此三均齊等
故得篇名 如前篇名四戒俱名波羅夷 輕重義等 有此相似 錄為初篇 餘非類
者理不須同 乃至第五類亦同尔 第二辨得名者 夷當體得名 祇云極惡 三
義故惡 一者退沒 謂退失道果 二不共住 非二僧偏故 三者墮落 捨此身已墮阿鼻
地獄 故即此極惡之名當罪人 是故當體得名 僧殘者境體受名 犯此罪已垢纏行
者 非全堪用 故名為殘 有殘之罪由僧除滅 故名僧殘 言墮者從體及境作名 又云隨
義 墮罪有此能 故從功能作名 言提捨者從對治境 文可責過受稱 文言我犯可呵
法 言吉羅者從具義立名 故見論云吉羅名惡作 第三立五之意 言業有五 故立
為五篇 文可唯俗制 道如五戒罪 或可如來隨根之教 略標茲五 第四次第先
說一方罪 辨推尋本制之興 為須犯而禁 輕重事亂 先定合明 次第可依 雖蓋是大聖

就所防罪解推尋本制之興，隨犯而禁，輕重事亂，无定令明，次第可所依准。蓋是大聖
欲令斯法俗傳遐代，故命優波離曲宣方軌，示以輕重次第。然後故優波離佛涅槃後
一依聖教集佛所制，云元之罪，宜加先勸，故并在初。餘次輕者依其次第，乃至第五類
以可知。若據能防行，次第者初篇是八根本，故須先明。初篇行壞，下四枝攝焉。能
滑生，是故初篇先立根本。八既立已，不從眾法，眾法不成，綱網不立，何能兼法，故立眾行
為第二篇。眾法難成，若不從律儀綱網難立，故明第三身口威儀。威儀既爾，若不
雜識過，若不敬順三寶，除滅殄諍及成滯尋縛在三有，焉能出離？是故第五
篇敬順三寶、威儀淳熟趣道之行。此據根本，所以初勝。若優難防，第五篇
勝乃至初劣。 第二七聚門分別。一約位，二名立，三偷蘭先後，四入篇不入。言約位者，
罪為第一，十三為第二，一切偷蘭為第三，捨墮為第四，罷提捨為第五，惡作為
第六，惡說為第七。所言聚者，眾罪非一，聚在一處，名之為聚。言立名者，初篇
當體殘約境義，蘭就所防罪立名。體唯不善，故見論偷蘭名大遮能障道，
故名為偷蘭。提墮功能可呵，約責立名。第六約作得名，故云惡作。第七就說為名，
故言惡說。言偷蘭先後者，偷蘭過遮，故能治之行在戒門攝。若約雜往
亦須在第五。以能含方便究竟之果，雜門所收，遮重，是故須在均下雜上
位當第五。又解作因故，三為果故，五為并成他成故爾。言入不入者，凡入五篇皆

具三義一名均二體均三究均戒等四衆並具此義蘭中但有名均雖是蘭衆
濁餘二均以通因果含輕重故不入五篇不言輕重有四種別 一不可懺如二逹
是 二大衆蘭 初二篇下是 三小衆蘭 四對手蘭 一人邊懺輕者出界四人中懺殘邊
重者因戒生輕殘邊輕者對手懺有七善別故不入篇 第三方便於中有三
一者遠方便 二者進趣方便 三者濁緣方便 遠者有果而不成進趣者尚成果濁緣
九者无果而可成 言遠者而自覆藏罪是非不藉它覆藏生於後犯習
方便終不攬此以成於彼故名爲遠論其正體其唯究竟殺人蘭吉
類與因不同廣論五犯悉可爲遠如自稱得聖遠賢犯盜如初五殘
不淨出緣提中說故取衣同行宿坐資犯初戒下准說可知基此五犯与
戒爲緣餘類相從容有由藉如斯等類名遠方便 二進趣方便者心緣事身口
運動造境求成故名進趣如律所明步步彌蘭是名進趣方便 三濁緣方便於中有
七 一者濁緣 二者境強 三者緣差 四者境差 五者捐心 六者疑心 七善心息
物名濁緣訖故名濁緣方便 一境強方便者如欲殺人前境入定或反害我以彼
緣強差此進趣雖思不成故境強 三緣差方便者欲害前人更有異人突伏因事
發覺或有緣來差去心不遂殺事者故緣差方便 四境差方便者如非人想
非人疑等是也下戒說欲殺王人張人來替者是 五想心方便者起心殺人心緣非人

非人疑等，是以下定說欲煞王人張人來矯，昔者是五想是方便者，起心煞人，心緣非人者是。六疑以方便者起心煞人，而生疑心為人為非人，而人難死，緣於兩境，疑心煞者從前境結罪。七善以自方便者可知，已七方便諸鄣不定，祇律往惡但五便方謂從境判，渕无損疑文，言黃門損疑處觸女人五殘，故遮應具七，以生非生相疑等言若依五分，不問遮性一切得六謂无疑。役以疑是兩緣順有緣本，以枝使從境判其心罪，是以文意是女疑殘非時疑等不滿疑皆得提罪，役損究徹，役不問性遮，心境相應犯，不相應輕，或蘭吉，故人非人損煞蘭，女男相黃門損觸蘭，若論四事具足七方便　第四持犯此戒不明不過二種持犯，就此二種各有其兩，言二犯者，戾造諸惡作，實戒犯名爲作犯，於善不脩，心亦有違名曰止犯，對此二過，役立兩持，若不作惡，一切惡意離苦不究竟，爲欲離苦究竟須明止持以殄作犯，若復不共脩一切善，以得果滿足，爲欲得果滿足，役須并作持，以鑒四果役損二種此尋對文說可知，若約身口并持犯者，離煞婬觸等身止持，如疵來者收攝卧具炷燈不妄坐食等類，是身作持，離口四過，如妄罵等，可是口作犯者咸業止役是口止持，如受持衣鉢，受分說淨，離衣六年，仗囊三年，六法作，知淨語傷地壞生，三入聚落，及順教脩習等，是口作持，身口合者，准說可知，身口兩犯，及前而說，意戒身口故不須別說，意雖有持犯，如律所言，六犯所起，中由身心，及當審觀其意，汝以何何以等皆是助戒身口，論云，然獨意持无犯，故文但意不犯，及六犯中由身口不由心等是故戒論十不善業道，所聞一切業，意業大，所以眠居不結罪者，得罪輕異，結戒

法異故分七二種持犯義如律在明從世已下隨文一一別釋先就初篇兩種分別
第一物類相分別　第二依文各各別說先就物類相十門分別　一業不孤起要由等發等
雖無量不出三毒故以初四配於三毒成犯之相發雖由等暢必在具足而論之其謂
身口是以第二解身口成犯身口之業不過自作教人故次第三自作教人業不自
成要由託境是以第四犯境究竟犯境雖眾莫過自他有是第五境有自他境
緣雖具無心不成心有輕謬所顧不同對境差殊犯不犯已故次第六并其輕謬不
同雖心所輕謬之殊及至造趣境有差牙心有謬妄有犯不犯故此第七錯誤同
異八下衆住違九立意次第十對治持犯　究起由三毒者不淨門戒唯己利己為遮故
以三起貪成盜殺二戒違損益以三事起是以三事成妄語一戒之以利己為遮與初不
同貪癡起成婬三事者起善生云若自樂門非梵門是名從貪若婬煞家眷屬
名從瞋於所生母門非梵門名從癡而境悅暢恩故并貪以成盜三事起成者貪
心起成可知若盜無家所物及壞埋等瞋起瞋成若盜下姓是名從癡又祇律
云摩摩帝自用佛僧物之癡起癡成煞三起成准說可知妄語現利嗔順情故
無嗔心發惡成業若小妄語理即通三二身口者位三婬戒身犯非口事大形交非身
不斜故不盜煞二戒盜未離處煞斷相續故身業犯自作遣使彼此俱并故口有
有已心既物過開毀人盜殺等是妄語口業亦犯自身己等是齊無口非

有犯如呪物過開教人盗煞等是妄語口業正犯須已得聖諦稱名利非言不宣
故口正犯如作書現相文在犯限故身亦有戒此依戒論身口乎造三自作教人位亦有
三煞戒自重教輕教人爲非樂在前人過非我故能教不重出家之人應勸人脩善
反更助惡故能教蘭盗煞二戒遠通損益自作教人損境無殊暢思亦齊故可自作教
人彼我俱犯妄語自作正犯教人同不同若遣人稱己得聖名利權已与自作無
殊故得同犯所教人犯輕若直教人自稱稍利權被於我無潤故俱犯蘭此篇初
篇說若因此說論自重教輕初戒是自輕教重尽教僧漏失是自他俱重盗煞損
壞及一切同犯者是自他俱輕是勸是是若犯不犯說文有罰可知若約能所以說作
雨个四句互可知問自他能所此義何異答若自他者不論所教七衆之業但取能教之
業對自作并若竟能所以能教罪与所教五衆有罪者對說淺異 四犯境寬狭
位二煞戒説三境是殺名寬餘三局在人境殺故狭已以煞欲之性順情内逸語心厚重
不釋饒之美惡誰問人畜但使正道暢思無殊故三趣犯以道相劇殺笑下之三戒事蔑
於外損在前境趣別報殊增微優劣暢思皆降故人犯人犯畜餘趣即輕 五自他位
二不淨八戒自他境起如緣育等是下之三戒要在他境盗以重故所以重自盗無別可
損故聖不制 問何以盗得已衣蘭 答他衣已衣共在一處妄取他衣備得已衣望他衣上
境善得蘭之由已衣作境善而得故言已衣蘭而已衣無罪以自施自慳等妨可知煞

他犯戒故成犯境誑欲規利何須自誑　第三過得分別若望初戒過得俱犯下之三戒
如其大得隨三趣境重輕結犯若也等過此之三戒各稱境犯故等若境差三戒境差
蘭若論同趣為異境單闕並无犯雙闕但犯輕若非情无主物為異境單雙俱不
犯一境既尒故說即无量若其就過并得隨意在人報不問張王者是若從同趣過
得俱犯處若非畜為異境上半單闕境過得俱无犯下半雙闕故過得並犯輕若
非情无主物想為異境過得俱无犯一趣既尒餘非亦然　七錯誤凡言錯誤皆是
殊緣不當之隨若逐事曲尋事在難分若隨名過宜任容有別錯就境差誤
擾以緣凡現緣二境相別歷然及至造趣成事有殊二境交涉名之為錯若
緣先隨彼以相緣妄稱之為誤就四戒配位分餘四第一以三對婬戒錯誤俱犯畏遂
起內情但得正道暢適不殊不隨餘想是故誤犯文言道疑道非道想亦或又不
間三趣縱有交涉但當正道錯成重第二誤對三戒俱重以其誤无兩並不得
云无以故誤俱犯文言男相盜殺誑女亦然成放第三以錯對三戒俱不犯望餘境本
无以故如墮胎類放亦以知盡錯誤對妄語亦稱法錯誤俱不犯如欲稱聖而言凡錯
稱非境如增上得人逆凡謂聖誤以非巧故並不犯　第八下眾任運如沙彌特教之慈
盜及稱已聖教己受具亦教之人遂本言教獲財斯命欺前合解能教沙彌三作之
中任運犯三波羅夷若受戒竟欲亦教事成罪戒俱得以其善因圓滿惡業成就故
說无任運可知　九立意以次第者但聖制戒欲令周大翕真其疑盡故有諸道說[illegible]

欲無住運可知 九三立意次第者但聖制戒欲令調伏貪嗔癡盡故爲諸比丘說增戒學
問戒能防非不斷性結何以而言對之制戒 答若舉對治而言戒能防非之除
細亂惑能斷結但惑不孤興必因禪定定由淨戒此推功歸本故言制戒爲斷三毒
譬如有人欲止去江先塞泉源戒止如是爲持戒故能斷三毒乃至菩提多能成就諸
戒問世尊次第者僧祇律云五年冬分第五半月十二日制七物戒即是十月廿七日餘
三戒六年並冬分盜第二半月十日謂九月十日殺第三半月九日即是九月廿四日妄語第
四半月十三日謂十月十三日又釋次第謂部道輕重章其次第 第十持犯對治
比丘四處戒必持作犯言對治者謂離清淨對婬少欲之門對盜息貪之門治殺實
語云除妄等是 婬戒第一 從此已下別解初戒於中有四一制戒意二釋名字
三具緣成犯四闕緣義 此之四者並有通別諸戒例然 一制戒意一通二別 言通意者
如多論云以結戒故滅得未起非法已滅得已起疑網能知輕重識別除對治故以
善護偈中不知輕重名種三相生十利功德正當制意故四分律言如來出世見衆過
失謂十種利與諸比丘制戒乃至正法久住此是通意義該諸戒下不更說 第二
別意者婬欲之性能是雜識生死根本若不斷除流淪三有莫能出離障聖道
之原勿過於此結違之深寧容不禁是以聖制 二釋名字名有通別通者戒是通名
不淨行等是別號言不淨之門是婬欲之法是以防過戒是能持之門但約門就通戒相

[illegible]

雜示寄緣以部欲使觀過共欲備不淨觀離欲八戒能示通舉故名不淨八戒

三具緣成犯五有通別言通者三一是大比丘簡非比丘被又言若比丘故二制廣教後以

其前人教未攝故三无重病壞心亂癡狂等志之三義說檢上下故明了論云若人

已受大比丘戒若如來已制此戒若人不重癡狂是人既犯此戒乃至吉羅皆同此說

下更不標言別者具四緣一有正境二有染心三起方便四與境合若有怨逼無緣

成一正境二怨逼三與境合四者受樂此戒通三別七緣成犯　四辨緣義一解辨

通之緣全无罪可知五六辨初及第二等有罪即方便中辨緣方便等无罪可知

辨第二全无罪次辨別緣若辨初緣非通之損疑得二偷蘭辨二三兩緣无犯辨第四緣有

二偷蘭從破威儀身手未及輕蘭說小衆對手三說懺從身手相及至手成重蘭說大衆應

三乞之已應一白之已應三說怨逼辨緣此說可知辨通但與方便辨別有四但五方便

從此已下正明戒本諸戒制開不同初戒文有其三一略制二隨制三廣制言略者如此

戒最初因須陁那比丘起過故制言隨結者後因跋闍比丘制比丘不樂梵行即便還

家仏因隨結言廣者後有乞食比丘林中与畜起過仏因此之廣制故名滿足戒本

言開者如初篇因目連開增上慢第二篇漏失開夢中第三篇別食說欲七五緣等

皆隨開乃至吉羅類然可知今釋滿足戒本名　若比丘共比丘同戒若不還戒戒羸

不自悔犯不淨行乃至共畜生是比丘波羅夷不共住　此滿足戒本句有其八初略釋

不自悔犯不淨行乃至共畜生是比丘波羅夷不共住　七滿足戒本句有其八初略弁
後廣釋　初句明受法行　次句雜明受法共三乃戒者雜明行法同　四不還戒者明淨不
捨有戒可犯故五戒羸不悔者雖厭道猶同犯住故六不淨行等者說境非　苐七
戒者結罪　苐八不共住者是治擯也　次廣釋亦六　若比丘者四分律云　名字比丘　相似比丘
自稱比丘乞求比丘著割截衣比丘破結使比丘善來比丘　受戒白四羯磨如法成就得處所
比丘　次釋比丘義　言名字比丘者此是通別之義　相似比丘者犯重之人內實破戒威儀
相顯似他持戒故名相似比丘　自稱比丘者十誦律云謂賊住比丘自言我是比丘故曰自稱比
丘　言乞求比丘者順於聖教以乞資身離五邪命以正命自活故名乞求比丘　言著割截
衣比丘者著七衣有二利益一毀其細好離自貪著二不為王賊之所貪奪常有資
身受用之益奉從聖教恒著七衣故名著割截衣比丘　言破結使比丘者理解心中而發
成故曰也　言善來比丘者佛命善來即發具戒故名善來比丘　言白四羯磨如法成就得受

BD00918　金光明最勝王經卷九

（唐）義淨 譯

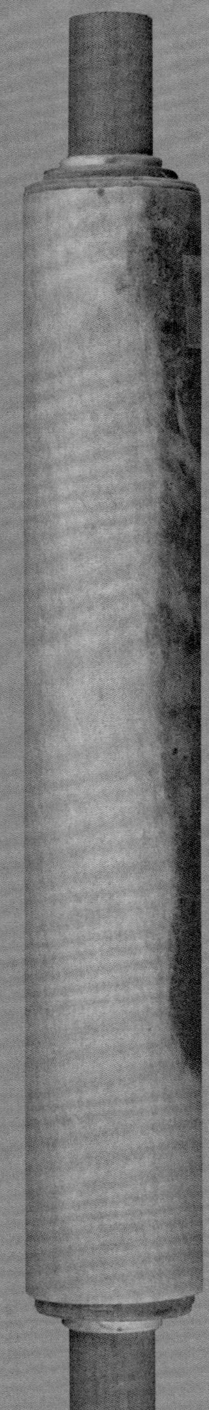

385.8cm × 26.3cm

中心之慇重如淨瑠璃无諸瑕穢□得
大菩薩授記之事亦由過去久脩正行精
因緣是故我今皆與授記於未來世當成阿
耨多羅三藐三菩提時彼樹神聞佛說已
歡喜信受

金光明寂勝王經除病品第二十四

佛告菩提樹神善女天諦聽諦聽善思念之
是十千天子本願因緣今為汝說善女天過
去无量不可思議阿僧企耶劫尒時有佛出
現於世名曰寶髻如来應供正遍知明行足
善逝世間解无上士調御丈夫天人師佛世尊
善女天時彼世尊般涅槃後正法滅已於像
法中有王名曰天自在光常以正法化

解醫明妙通八術衆生病苦四大不調咸能
救療善女天尒時持水長者唯有一子名曰
流水顔容端正人所樂觀受性聰敏妙閑諸
論書畫算印无不通達時王國内有无量百
千諸衆生類皆遇疫病衆苦所逼乃至无有
歡樂之心善女天尒時長者子流水見是无
量百千衆生受諸病苦起大悲心作如是念
无量衆生爲諸極苦之所逼迫我父長者雖
善醫方妙通八術能療衆病四大增損然已衰
邁老耄虚羸要假扶策方能進步不復能
往城邑聚落救諸病苦今有无量百千衆
生皆遇重病无能救者我今當至大醫父所

BD00918　金光明最勝王經卷九

生皆遇重病无能救者我今當至大醫父所
諮問治病醫方秘法若得解已當往城邑聚落
之所救諸衆生種種疾病令於長夜得受
安樂時長者子作是念已即詣父所稽首礼
足合掌恭敬却住一面即以伽他請其父曰
慈父當哀愍　我欲救衆生　今請諸醫方　幸願爲我說
云何身衰壞　諸大有增損　復在何時中　能生諸疾病
云何噉飲食　得受於安樂　能使內身中　火勢不衰損
衆生有四病　風黃熱痰癊　及以惣集病　云何而療治
何時風病起　何時熱病發　何時動痰癊　何時惣集生
時彼長者聞子請已復以伽他而荅之曰
我今依古仙　所有療病法　次第爲汝說　善聽救衆生
三月是春時　三月名爲夏　三月名秋分　三月謂冬時
此據一年中　三三而別說　二二爲一節　便成歲六時

九十是寒時　後二名氷雪　既知如是別　授藥勿令差
當隨此時中　調息於飲食　入腹令消散　衆病則不生
節氣若變改　四大有推移　此時无藥資　必生於病苦
醫人解四時　復知其六節　明閑身七界　食藥使无差
謂味界血肉　膏骨及髓腦　病入此中時　知其可療不
病有四種別　謂風熱痰癊　及以揔集病　應知發動時
春中痰癊動　夏內風病生　秋時黃熱增　冬節三俱起
春食澀熱辛　夏膩熱鹹醋　秋時冷甜膩　冬酸澀膩甜
於此四時中　服藥及飲食　若依如是味　衆病无由生
食後病由癊　食消時由熱　消後起由風　唯時須識病
既識病源已　隨病而設藥　假令患狀殊　先須療其本
風病服油膩　患熱利為良　癊病應變吐　揔集須三藥

風病脹油膩　患熱利爲良　癊病應變吐　惣集須三藥
風熱癊俱有　是名爲惣集　雖知病起時　應觀其本性
如是觀知已　順時而授藥　飲食藥无差　斯名善醫者
復應知八術　惣攝諸醫方　於此若明閑　可療衆生病
謂針刺傷破　身疾并鬼神　惡毒及孩童　延年增氣力
先觀彼形色　語言及性行　然後問其夢　知風熱癊殊
乾瘦少頭髮　其心无定性　多語夢飛行　斯人是風性
少年生白髮　多汗及多瞋　聰明夢見火　斯人是熱性
心定身平整　慮審頭津膩　夢見水白物　是癊性應知
惣集性俱有　或二或具三　隨有一偏增　應知是其性
既知本性已　准病而授藥　驗其无死相　方名可救人
諸根倒取境　尊醫人起慢　親友生瞋恚　是死相應知
左眼白色變　舌黑鼻梁欹　耳輪與舊殊　下脣垂向下
訶梨勒一種　具足有六味　[illegible]

又三果三辛　諸藥中易得　沙糖蜜蘇乳　此能療衆病
自餘諸藥物　隨病可增加　先起慈愍心　莫規於財利
我已為汝說　療疾中要事　以此救衆生　當獲无邊果
善女天，尒時長者子流水親問其父八術之
要，四大增損時節不同餌藥方法，既善了知，
自忖堪能救療衆病，即便遍至城邑聚落所
在之處，隨有百千万億病苦衆生皆至其所，
善言慰喻作如是語：我是醫人，我是醫人，善
知方藥，今為汝等療治衆病，悉令除愈。善女
天，尒時衆人聞長者子善言慰喻許為治病，
時有无量百千衆生遇極重病，聞是語已身
心踊躍得未曾有，以此因緣所有病苦悉得
蠲除，氣力充實平復如本。善女天，尒時復有

BD00918　金光明最勝王經卷九

獨除氣力充實平復如本善女天尒時復有
无量百千衆生病苦深重難療治者即共往
詣長者子所重請醫療時長者子即以妙藥
令服皆蒙除差善女天是長者子於此國内
百千万億衆生病苦悉得除差

金光明冣勝王經長者子流水品第二十五

尒時佛告菩提樹神善女天尒時長者子流水
於往昔時在天自在光王國内療諸衆生所
有病苦令得平復受安隱樂時諸衆生以
病除故多脩福業廣行惠施以自歡娛即共
往詣長者子所咸生尊敬作如是言善哉善
哉大長者子善能滋長福德之事增益我等
安隱壽命仁今實是大力醫王慈悲菩薩妙

[illegible]

城邑善女天時長者子妻名水肩藏有其二

子一名水滿二名水藏是時流水將其二子漸

次遊行城邑聚落過空澤中深險之處見諸

禽獸豺狼狐玃鵰鷲之屬食血肉者皆悉奔

飛一向而去時長者子作如是念此諸禽獸何

因緣故一向飛走我當隨後暫往觀之即便

隨去見有大池名曰野生其水將盡於此池

中多有眾魚流水見已生大悲心時有樹

神示現半身作如是語善哉善哉善男子

汝有實義名流水者可愍此魚應與其水有

二因緣名為流水一能流水二能與水汝今應

當隨名而作是時流水問樹神言此魚頭數為

有幾何樹神答曰數滿十千[illegible]

BD00918　金光明最勝王經卷九

當隨名而作是時流水問樹神言此魚頭數為
有幾何樹神答曰數滿十千善女天時長者
子聞是數已倍益悲心時此大池為日所暴
餘水无幾是十千魚將入死門旋身婉轉見
是長者心有所希隨逐瞻視目未曾捨時長
者子見是事已馳趣四方欲覓於水竟不
能得復望一邊見有大樹即便昇上折取枝
葉為作蔭涼復更推求是池中水從何處
來尋覓不已見一大河名曰水生時此河邊
有諸漁人為取魚故於河上流懸險之處決
棄其水不令下過於所決處卒難修補便
作是念此崖深峻設百千人時經三月亦未
能辦況我一身而堪辦辦時長者子速還本城

如是言我為大王國土人民治種種病悉令安
隱漸次遊行至其空澤見有一池名曰野生其
水欲涸有十千魚為日所炙將死不久唯願
大王慈悲愍念與二十大象暫往負水濟
彼魚命如我與諸病人壽命尒時大王即勅
大臣速疾與此醫王大象時彼大臣奉王勅
已白長者子善哉大士仁今自可至象廄中隨
意選取二十大象利益衆生令得安樂是
時流水及其二子將二十大象又從酒家多
借皮囊往決水處以囊盛水象負至池寫
置池中水即彌滿還復如故善女天時長者
子於池四邊周旋而視時彼衆魚亦復隨逐
循岸而行時長者子復作是念衆魚何故隨

子於池四邊周旋而視時彼衆魚亦復隨逐
循岸而行時長者子復作是念衆魚何故隨
我而行必為飢火之所惱逼復欲從我求索
於食我今當與尒時長者子流水告其子言
汝取一象家大力者速至家中啓父長者家
中所有可食之物乃至父母食噉之分及以妻
子奴婢之分悉皆收取即可持來尒時二子受
父教已乘家大象速往家中至祖父所説如
上事收取家中可食之物置於象上疾還
父所至彼池邊是時流水見其子來身心
喜躍遂取餅食遍散池中魚得食已悉皆飽
足便作是念我今施食令魚得命願於來世
當施法食充濟無邊復更思惟我昔曾於空閑

林處見一苾芻讀大乘經說十二緣生甚深
法要又經中說若有衆生臨命終時得聞
寶髻如來名者即生天上我今當為是十
千魚演說甚深十二緣起亦當稱說寶髻佛名
然贍部洲有二種人一者深信大乘二者不信
毀呰亦當為彼增長信心時長者子作如是
念我入池中可為衆魚說深妙法作是念已
即便入水唱言南謨過去寶髻如來應正遍
知明行足善逝世間解无上士調御丈夫天人
師佛世尊此佛往昔修菩薩行時作是誓願
於十方界所有衆生臨命終時聞我名者命
終之後得生三十三天尒時流水復為池魚
演說如是甚深妙法此有故彼有此生故
彼生所謂无明緣行行緣識

演說如是甚深妙法此有故彼有此生故
彼生所謂无明緣行行緣識識緣名色名色
緣六處六處緣觸觸緣受受緣愛愛緣取
取緣有有緣生生緣老死憂悲苦惱此滅
故彼滅所謂无明滅則行滅行滅則識滅識
滅則名色滅名色滅則六處滅六處滅則觸
滅觸滅則受滅受滅則愛滅愛滅則取滅取滅
則有滅有滅則生滅生滅則老死滅老死滅則
憂悲苦惱滅如是純極苦蘊悉皆除滅說是
法已復爲宣說十二緣起相應陁羅尼曰
怛 姪 他 毗析你毗析你
毗 析 你 僧塞僧枳

呾[illegible]你　呾[illegible]你　呾[illegible]你莎訶
怛姪他　那弥你那須你　那須你
敎雉你　敎雉你　敎雉你
颯鉢哩設你　颯鉢哩設你　颯鉢哩設你莎訶
怛姪他　薜達你薜達你　薜達你
室里瑟弥你　室里瑟弥你　室里瑟弥你
鄔波地你　鄔波地你　鄔波地你莎訶
怛姪他　婆毗你婆毗你　婆毗你
闍底丁里反下同你　闍底你　闍底你
闍摩弥你　闍摩弥你　闍摩你你莎訶
尒時世尊為諸大衆說長者子菩緣之時諸
人天衆歎未曾有時四大天王各於其處異
口同音作如是說
善哉釋迦尊　說妙法明呪　生福除衆惡　十二支相應

口同音作如是説

善哉釋迦尊　説妙法明呪　生福除衆惡　十二支相應

我等亦説呪　擁護如是法　若有生違逆　不善隨順者

頭破作七分　猶如蘭香梢　我等於佛前　共説其呪曰

怛姪他呬里　謎　揭瞞　健陁　里

旃荼　里　地　囇　騷伐囇石呬伐囇

補囉布囇矩矩末底　崎囉末底達地目契

窶嚕婆毋嚕婆　具荼毋嚕健提

杜嚕杜嚕毗囇　醫泥恚涅杏徒合反下同娓

達杏娓鄔恚怛哩　烏率吒囉伐底

頞剌婆伐底　鉢杜摩伐底

俱蘇摩伐底　莎訶

佛告善女天尒時長者子流水及其二子

[illegible]
長者子流水復於後時因有聚會設衆伎
樂醉酒而卧時十千魚同時命過生三十三天
起如是念我等以何善業因緣生此天中便
相謂曰我等先於贍部洲内墮傍生中共受
魚身長者子流水施我等水及以餅食復
為我等説甚深法十二緣起及陁羅尼復稱
寶髻如來名号以是因緣能令我等得生
此天是故我今咸應詣彼長者子所報恩供
養尒時十千天子即於天没至贍部洲大醫王
所時長者子在高樓上安隱而睡時十千天子
共以十千真珠瓔珞置其頭邊復以十千置其足
處復以十千置於右脅復以十千置左脅邊
雨曼陁羅花摩訶曼陁羅花積至于膝光

雨曼陁羅花摩訶曼陁羅花積至于膝光
明普照種種天樂出妙音聲令贍部洲有睡
眠者皆悉覺悟長者子流水亦從睡寤是時
十千天子為供養已即於空中飛騰而去於
自自在光王國由處處皆雨天妙蓮花是諸
天子復至本處空澤池中雨衆天花便於此
没還天宮殿隨意自在受五欲樂天自在光
王至天曉已問諸大臣昨夜何緣忽現如是希
有瑞相放大光明大臣荅言大王當知有諸天
衆於長者子流水家中雨四十千真珠瓔珞
及天曼陁羅花積至于膝王告臣曰詣長者
家喚取其子大臣受勅即至其家奉宣王命
喚長者子時長者子即至王所王問何緣夜

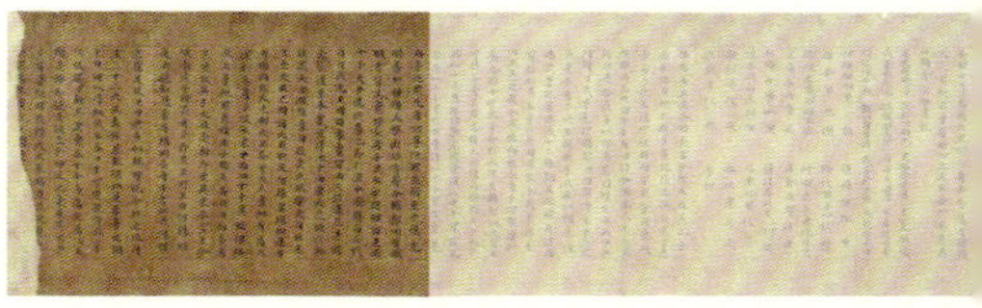

定應是彼池內衆魚如經所說命終之後得
生三十三天彼來報恩故現如是希奇之相
王曰何以得知流水荅曰王可遣使并我二子
往彼池所驗其虛實彼十千魚爲死爲活王
聞是語即便遣使及子向彼池邊見其池中
多有曼陁羅花積成大聚諸魚並死見已
馳還爲王廣說王聞是已

BD00918　金光明最勝王經卷九

BD00919-1 觀世音經

（後秦）鳩摩羅什 譯

BD00919-2 地藏菩薩經

223.7cm × 29.5cm

妙法蓮花經觀世音菩薩普門品第廿五

D00919-1　觀世音經

妙法蓮花經觀世音菩薩普門品第廿五

尒時无盡意菩薩即從座起偏袒右肩合掌向佛而作是言世尊觀世音菩薩以何因緣名觀世音佛告无盡意菩薩善男子若有无量百千萬億衆生受諸苦惱聞是觀世音菩薩一心稱名即時觀其音聲皆得解脫若有持是觀世音菩薩名者設入大火火不能燒由是菩薩威神力故若為大水所漂稱其名号即得淺處若有百千万億衆生為求金銀瑠璃車𤦲馬脳珊瑚虎珀真珠等寶入於大海假使黑風吹其舡舫飄墮羅刹鬼國其中若有乃至一人稱觀世音菩薩名者是諸人等皆得解脫羅刹之難以是因緣名觀世音若復有人臨當被害稱觀世音菩薩名者彼所執刀杖尋段段壞而得解脫 若三千大千國土滿中夜叉羅刹欲來惱人聞其

得解脫　若三千大千國土滿中夜叉羅刹欲來惱人聞其
稱觀世音菩薩名者是諸惡鬼尚不能以惡眼視之況
復加害設復有人若有罪若无罪杻械枷鎖檢繫其身
稱觀世音菩薩名者皆悉斷壞即得解脫
若三千大千國土滿中怨賊有一商主將諸商人賫持重寶
經過險路其中一人作是唱言諸善男子善女人勿得恐
怖汝等應一心稱觀世音菩薩名号是菩薩能以无畏
是故衆生汝等若稱名者於此怨賊當得解脫衆商人聞
俱發聲言南无觀世音菩薩稱其名号即得解脫无盡
意觀世音菩薩摩訶薩威神之力巍巍如是若有衆
生多於婬欲常念恭敬觀世音菩薩便得離欲若多愚癡
常念恭敬觀世音菩薩便得離癡无盡意觀世音菩薩
有如是等大威神力多所饒益是故衆生常應心念
若有女人設欲求男禮拜供養觀世音菩薩便生福德智慧

若有女人設欲求男礼拜供養觀世音菩薩便生福得智慧
之男設欲求女便生端正有相之女宿殖得本衆人愛敬无
无盡意觀世音菩薩有如是力若有衆生恭敬礼拜觀
世音菩薩福不唐捐是故衆生皆應受持觀世音菩薩名
号无盡意菩薩若有人受持六十二億恒河沙菩薩名字
復盡形供養飲食衣服卧具醫藥於意云何是善男子
善女人功德多不无盡意菩薩言甚多世尊佛言若復
有人受持觀世音菩薩名号乃至一時礼拜供養是二人福正
等无異於百千万億劫不可窮盡无盡意受持觀世音菩
薩名号得如是无量无邊福得之利无盡意菩薩白佛言世
尊觀世音菩薩云何遊此娑婆世界云何而為衆生方便之力其
事云何佛告无盡意菩薩善男子若有國土衆生應以佛身得
度者觀世音菩薩即現佛身而為說法應以辟支佛身得度
者即現辟支佛身而為說法應以聲聞身得度者即現聲聞身

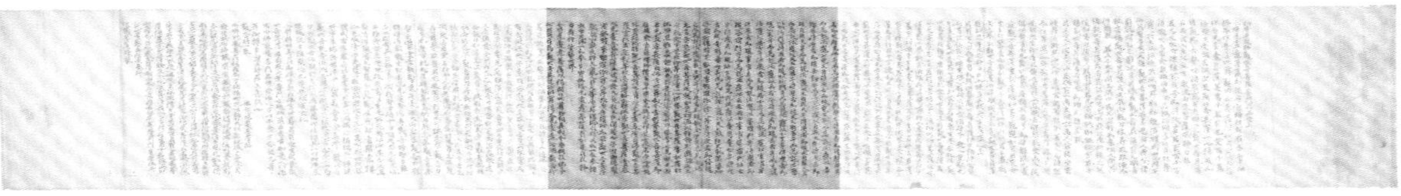

者即現辟支佛身而為說法應以聲聞身得度者即現聲聞身
而為說法應以梵王身得度者即現梵王身而為說法應以帝
釋身得度者即現帝釋身而為說法應以自在天身得度者即
現自在天身而為說法應以大自在天身得度者即現大自在天身
而為說法應以天大將軍身得度者即現天大將軍身而為說法應
以毗沙門身得度者即現毗沙門身而為說法應以小王身得度者即
現小王身而為說法應以長者身得度者即現長者身而為說
法應以居士身得度者即現居士身而為說法應以宰官身
得度者即現宰官身而為說法應以婆羅門身得度者即
現婆羅門身而為說法應以長者居士宰官婆羅門婦女
身得度者即現婦女身而為說法應以童男童女身得度
者即現童男童女身而為說法應以天龍夜叉乾闥婆阿
修羅迦樓羅緊那羅摩睺羅伽人非人等身得度者即皆現
之而為說法應以執金剛身得度者即現執金剛身而為說法

之而為說法應以執金剛身得度者即現執金剛身而為說法
无盡意是觀世音菩薩成就如是功德以種種形遊諸國土
度脫衆生是故汝等應當一心供養觀世音菩薩摩訶薩於
怖畏急難之中能施无畏是故此娑婆世界皆號之為施无畏
者无盡意菩薩白佛言世尊我今當供養觀世音菩薩即
解頸衆寶珠瓔珞價直百千兩金而以與之作是言仁者受此法施
珎寶瓔珞時觀世音菩薩不肯受之无盡意復白佛觀世音菩
薩言仁者愍我等故受此瓔珞尒時佛告觀世音菩薩當愍
此无盡意菩薩及諸四衆天龍夜叉乾闥婆阿修羅迦樓羅
緊那羅摩睺羅伽人非人等故受是瓔珞即時觀世音菩薩
愍諸四衆及於天龍人非人等受其瓔珞分作二分一分奉釋
迦牟尼佛一分奉多寶佛塔无盡意菩薩有如是自在神
力遊於娑婆世界
尒時无盡意菩薩以偈問曰世尊妙相具我今重問彼佛子
何因緣名為觀世音具足妙相尊偈答无盡意汝聽觀音行

何因緣名為觀世音具足妙相尊偈荅無盡意汝聽觀音行
善應諸方所弘誓深如海歷劫不思議侍多千億佛發
大清淨願我為汝略說聞名及見身心念不空過能滅諸
有苦假使興害意推落大火坑念彼觀音力火坑變成
池或漂流巨海龍魚諸鬼難念彼觀音力波浪不能沒
或在須彌峯為人所推墮念彼觀音力如日虛空住或被惡
人逐墮落金剛山念彼觀音力不能損一毛或值怨賊遶
各執刀加害念彼觀音力咸即起慈心或遭王難苦臨刑
欲壽終念彼觀音力刀尋段段壞或囚禁枷鎖手足被杻
械念彼觀音力釋然得解脫呪咀諸毒藥所欲害身者念
彼觀音力還著於本人或遇惡羅剎毒龍諸鬼等念彼觀
音力時悉不敢害若惡獸圍遶利牙爪可怖念彼觀音力
疾走無邊方蚖蛇及蝮蝎氣毒煙火然念彼觀音力尋
聲自迴去雲雷鼓掣電降雹澍大雨念彼觀音力應

聲自迴去雲雷鼓掣電降雹澍大雨念彼觀音力應
時得消散衆生被苦厄无量苦逼身觀音妙智力能
救世間苦具足神通力廣修智方便十方諸國土无刹不現
身種種諸惡趣地獄鬼畜生生老病死苦以漸悉令滅真
觀清淨觀廣大智慧觀悲觀及慈觀常願常瞻
仰无垢清淨光慧日破諸闇能伏灾風火普明照世間悲
體戒雷震慈意妙大雲澍甘露法雨滅除煩惱炎諍訟
經官處怖畏軍陣中念彼觀音力衆怨悉退散妙音
觀世音梵音海潮音勝彼世間音是故須常念念念勿
生疑觀世音淨聖於苦惱死厄能為作依怙具一切功德慈
眼視衆生福聚海无量是故應頂礼
尒時持地菩薩即從座起白佛言世尊若有衆生聞是觀
世音菩薩品自在之業普門示現神通力者當知是人功德

世音菩薩品自在之業普門示現神通力者當知是人功德
不少佛說是普門品時衆中八万四千衆生皆發无等等
等阿耨多羅三藐三菩提心
觀音經一卷

佛說地藏菩薩經

尒時地藏菩薩住在南方瑠璃世界以淨天眼觀地獄之中受苦
衆生鐵碓擣鐵磨磨鐵犁耕鐵鋸解鑊湯涌沸猛火亘天飢則
吞熱鐵丸渴則飲銅汁受諸苦惱無有休息地藏菩薩不忍見之即從
南方來地獄中与閻羅王共同一處別床而坐有四種因緣一者恐閻羅王斷罪
不憑二者恐文案交錯三者未合死罪着受罪四者出地獄池邊若有善男
子善女人造地藏菩薩像寫地藏菩薩經及念地藏菩薩名者此人定之德
往生西方極樂世界從一佛國至一佛國從一天堂至一天堂若有人造地藏菩
薩像寫地藏菩薩經及念地藏菩薩名此人定之得往生西方極樂世界
此人捨命之日地藏菩薩親自來迎常得与地藏菩薩共同一處聞佛所
說皆大歡喜信受奉行

說皆大歡喜信受奉行

地藏菩薩經一卷

BD00920 金剛般若波羅蜜經（十二分本）

（北魏）菩提流支 譯

281.5cm×26.2cm

善女人以滿三千大千世界七寶持用布施若
復有人於此經中受持乃至四句偈等為他
人說其福勝彼无量不可數何以故須菩提
一切諸佛阿耨多羅三藐三菩提法皆從此
經出一切諸佛如來皆從此經出須菩提所
謂佛法佛法者即非佛法是名佛法須菩提
於意云何須陁洹能作是念我得須陁洹果
不須菩提言不也世尊何以故實无有法名
須陁洹不入色聲香味觸法是名須陁洹佛
言須菩提於意云何斯陁含能作是念我得
斯陁含果不須菩提言不也世尊何以故實
无有法名斯陁含是名斯陁含須菩提於
意云何阿那含能作是念我得阿那含果不

[illegible]世尊何以故實无[illegible]名阿
那含是名阿那含須菩提於意云何阿羅漢
能作是念我得阿羅漢果不須菩提言不
也世尊何以故實无有法名阿羅漢世尊若
阿羅漢作是念我得阿羅漢即為著我人
衆生壽者世尊佛說我得无諍三昧最為
第一世尊說我是離欲阿羅漢世尊我不作
是念我是離欲阿羅漢世尊我若作是念
我得阿羅漢世尊則不說我无諍行第一以須
菩提實无所行而名須菩提无諍无諍行佛
告須菩提於意云何如來昔在然燈佛所
得阿耨多羅三藐三菩提法不須菩提言不
也世尊如來在然燈佛所於法實无所得阿
耨多羅三藐三菩提

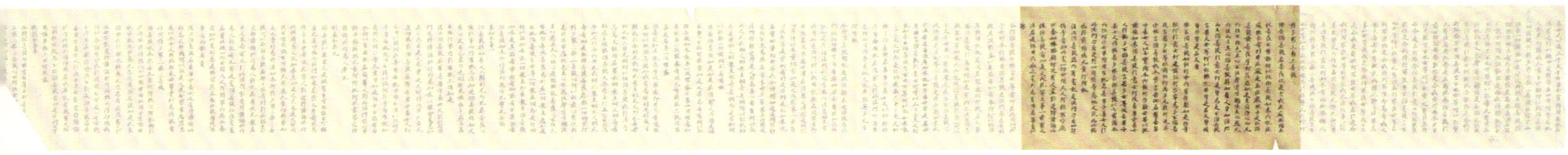

耨多羅三藐三菩提
佛告須菩提若菩薩作是言我莊嚴佛國土
彼菩薩不實語何以故須菩提如來所說莊
嚴佛土者則非莊嚴是名莊嚴佛土是故須
菩提諸菩薩摩訶薩應如是生清淨心而无
所住不住色生心不住聲香味觸法生心應无
所住而生其心須菩提譬如有人身如須弥
山王須菩提於意云何是身為大不須菩提
言甚大世尊何以故佛說非身是名大身彼
身非身是名大身
佛言須菩提如恒河中所有沙數如是沙等
恒河於意云何是諸恒河沙寧為多不須菩
提言甚多世尊但諸恒河尚多无數何況其

[illegible]
子善女人以七寶備尒所恒河沙數世界以施
諸佛如來須菩提於意云何彼善男子善女
人得福多不須菩提言甚多世尊彼善男子
善女人得福甚多佛告須菩提以七寶備尒
所恒河沙世界持用布施若善男子善女人於
此法門乃至受持四句偈等為他人說而此福
德勝前福德无量阿僧祇
復次須菩提隨所有處說是法門乃至四句
偈等當知此處一切世間天人阿脩羅皆應
供養如佛塔廟何況有人盡能受持讀誦此
經須菩提當知是人成就最上第一希有之
法若是經典所在之處則為有佛若尊重似
佛

佛
尒時須菩提白佛言世尊當何名此法門我
等云何奉持佛告須菩提是法門名爲金剛
般若波羅蜜以是名字汝當奉持何以故須
菩提佛說般若波羅蜜則非般若波羅
蜜須菩提於意云何如來有所說法不須菩
提言世尊如來无所說法須菩提於意云何三
千大千世界所有微塵是爲多不須菩提言
彼微塵甚多世尊須菩提是諸微塵如來說
非微塵是名微塵如來說世界非世界是名世
界佛言須菩提於意云何可以三十二大人相
見如來不須菩提言不也世尊何以故如來說
三十二大人相即是非相是名三十二大人相

佛言須菩提若善男子善女人以恒河沙
等身命布施若復有人於此法門中乃至
受持四句偈等為他人說其福甚多无量
阿僧祇
尒時須菩提聞說是經深解義趣涕淚悲泣
捫淚而白佛言希有婆伽婆希有脩伽陁佛
說如是甚深法門我從昔來所得慧眼未曾
得聞如是法門何以故佛說般若波羅蜜即
非般若波羅蜜世尊若復有人得聞是經信
心清淨則生實相當知是人成就第一希有
功德世尊是實相者則是非相是故如來說
名實相實相世尊我今得聞如是法門信解
受持不足為難若當來世其有衆生得聞是
法門信解受持是人則為第一希有何以故

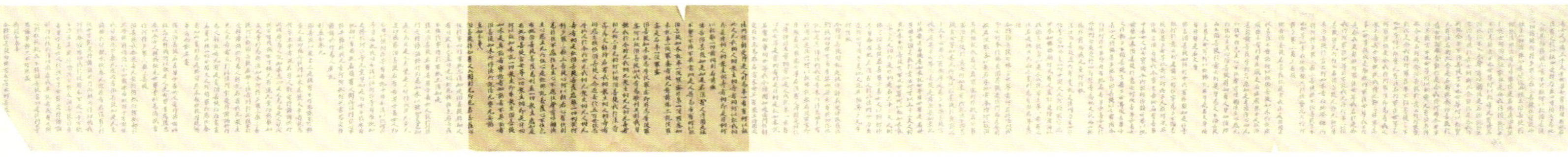

法門信解受持是人則為第一希有何以故
此人无我相人相衆生相壽者相何以故我相
即是非相人相衆生相壽者相即是非相何
以故離一切諸相則名諸佛
佛告須菩提如是如是若復有人得聞是經
不驚不怖不畏當知是人甚為希有何以故
須菩提如來説第一波羅蜜非第一波羅蜜如
來説第一波羅蜜者彼无量諸佛亦説波羅
蜜是名第一波羅蜜
須菩提如來説忍辱波羅蜜即非忍辱波羅
蜜何以故須菩提如我昔為歌利王割截身
體我於尒時无我相无衆生相无人相无壽者
相无相亦非无相何以故須菩提我於往昔

節節支解時若有我相衆生相人相壽者
相應生瞋恨須菩提又念過去於五百世作忍
辱仙人於尒所世无我相无衆生相无人相无
壽者相是故須菩提菩薩應離一切相發阿
耨多羅三藐三菩提心何以故若心有住則
為非住不應住色生心不應住聲香味觸法
生心應生无所住心是故佛說菩薩心不住色
布施須菩提菩薩為利益一切衆生應如是
布施須菩提言世尊一切衆生相即是非相
何以故如來說一切衆生即非衆生須菩提
如來是真語者實語者如語者不異語者
須菩提如來所得法所說法无實无妄語
真如分第八
須菩提譬如有人入闇則无所見若菩薩心

須菩提譬如有人入闇則无所見若菩薩心
住於事而行布施亦復如是須菩提譬如人
有目夜分已盡日光明照見種種色若菩薩
不住於事行於布施亦復如是
復次須菩提若有善男子善女人能於此法
門受持讀誦修行則為如來以佛智慧悉知
是人悉見是人悉覺是人皆得成就无量无
邊功德聚須菩提若有善男子善女人初
分日以恒河沙等身布施中日分復以恒河沙
等身布施後日分復以恒河沙等身布施如
是捨恒河沙等无量身如是百千万億那由
他劫以身布施若復有人聞此法門信心不
謗其福勝彼无量阿僧祇何況書寫受持

誦讀修行為人廣說

利益分第九

須菩提以要言之是經有不可思議不可稱
量无邊功德此法門如來為發大乘者說為
發最上乘者說若有人能受持讀誦修行
此經廣為人說如來悉知是人悉見是人皆成
就不可思議不可稱无有邊无量功德聚如
是人等則為荷擔如來阿耨多羅三藐三菩
提何以故須菩提若樂小法者則於此經不能
受持讀誦修行為人解說若有我見眾生
見人見壽者見於此法門能受持讀誦修行
為人解說者无有是處須菩提在在處處
若有此經一切世間天人阿脩羅所應供養
當知此處則為是塔皆應恭敬作禮圍繞諸

當知此處則為是塔皆應恭敬作礼圍繞諸
華香而散其處
復次須菩提若善男子善女人受持讀誦此
經為人輕賤何以故是人先世罪業應墮惡
道以今世人輕賤故先世罪業則為消滅當
得阿耨多羅三藐三菩提
須菩提我念過去无量阿僧祇阿僧祇劫於
然燈佛前得值八十四億那由他百千万諸佛
我皆親承供養无空過者須菩提如是无量
諸佛我皆親承供養无空過者若復有人於
後世末能受持讀誦修行此經所得功德我
所供養諸佛功德於彼百分不及一千万億
分乃至筭數譬喻所不能及須菩提若有

善男子善女人於後末世有受持讀誦
修行此經所得功德若我具說者或有人聞
心則狂乱疑惑不信須菩提當知是法門不可
思議果報亦不可思議
斷疑分第十
尒時須菩提白佛言世尊云何菩薩
多羅三藐三菩提心云何住云
伏其心佛告須菩提菩
三菩提心者當生
令入无餘涅
无一衆

圖書在版編目（CIP）數據

中國國家圖書館藏敦煌文獻．第六一册 / 中國國家圖書館編．—北京：國家圖書館出版社，2024.12

ISBN 978-7-5013-7983-5

Ⅰ．①中… Ⅱ．①中… Ⅲ．①敦煌學—文獻 Ⅳ．① K870.6

中國國家版本館 CIP 數據核字（2024）第 036529 號

書　　名	中國國家圖書館藏敦煌文獻·第六一册
著　　者	中國國家圖書館　編
項目統籌	魏　崇　殷夢霞
責任編輯	程魯潔　潘　竹　黄　鑫　苗文葉
責任校對	王　哲
出版發行	國家圖書館出版社（北京市西城區文津街 7 號　100034） （原書目文獻出版社　北京圖書館出版社） 010-66114536　63802249　nlcpress@nlc.cn（郵購）
網　　址	http://www. nlcpress. com
排版印裝	天津裕同印刷有限公司
版次印次	2024 年 12 月第 1 版　2024 年 12 月第 1 次印刷
開　　本	787 × 1092　1/8
印　　張	36.5
書　　號	ISBN 978-7-5013-7983-5
定　　價	2800.00 圓